suhrkamp taschenbuch
wissenschaft 1670

John R. Searle gehört zu den wirkmächtigsten Philosophen der Gegenwart. Er hat bahnbrechende Untersuchungen über Sprechakte veröffentlicht, eine eigene Konzeption von Intentionalität vorgelegt und das Funktionieren gesellschaftlicher Realität erklärt. Er hat die Diskussion um künstliche Intelligenz mit seinem Bild des »chinesischen Zimmers« bereichert und damit allen Vergleichen des menschlichen Geistes mit dem Computer ein vieldiskutiertes Argument beschert. In vorliegendem Buch zieht Searle die Summe aus diesen Themen. Dabei legt er seine Sicht des »externen Realismus« dar, erklärt den Geist als ein natürliches Phänomen, das kausal vom Hirn abhängt, und löst das Leib-Seele-Problem auf. Durch die leicht verständliche Darstellung und Searles Fähigkeit, komplexe Probleme in wenigen Sätzen zu skizzieren und zu lösen, eignet sich das Buch nicht nur als Einführung in Searles Denken, sondern als Einführung in die Gegenwartsphilosophie überhaupt.

John R. Searle, geb. 1932, ist Professor für Philosophie an der Universität von Berkeley, Kalifornien. Im Suhrkamp Verlag veröffentlichte er u.a.: *Ausdruck und Bedeutung. Untersuchungen zur Sprechakttheorie* (1982, stw 349), *Intentionalität. Eine Abhandlung zur Philosophie des Geistes* (1987, stw 956), *Sprechakte. Ein sprachphilosophischer Essay* (1983, stw 458), *Freiheit und Neurobiologie* (2004) sowie *Geist. Eine Einführung* (2006).

John R. Searle
Geist, Sprache und Gesellschaft

Philosophie in der wirklichen Welt

Aus dem Englischen
von Harvey P. Gavagai

Suhrkamp

Titel der Originalausgabe:
Mind, Language and Society. Philosophy in the Real World

Für Dagmar

Bibliografische Information Der Deutschen Bibliothek
Die Deutsche Bibliothek verzeichnet diese Publikation
in der Deutschen Nationalbibliografie
http://dnb.ddb.de

suhrkamp taschenbuch wissenschaft 1670
Erste Auflage 2004

Umschlag nach Entwürfen
von Willy Fleckhaus und Rolf Staudt
Druck: Druckhaus Nomos, Sinzheim
Printed in Germany
ISBN 978-3-518-29270-9

2 3 4 5 6 7 - 13 12 11 10 09 08

Inhalt

Einleitung

Wer Bücher über eine Vielfalt von Themen schreibt, wird über kurz oder lang den Drang verspüren, ein Buch zu schreiben, in dem er erläutert, in welcher Beziehung die verschiedenen Themen zueinander stehen. Wie hängt das alles miteinander zusammen? Dies hier ist solch ein Buch. In ihm versuche ich, zumindest in Überblicksform, einige meiner Auffassungen über Geist, Sprache und Gesellschaft zu erläutern. Und ich versuche auch zu erläutern, in welcher Beziehung sie zueinander stehen und wie sie sich in die zeitgenössische Gesamtkonzeption des Universums einfügen. Der erste Untertitel, der mir für das Buch einfiel, war: »Wie das alles zusammenhängt«.

Was mich zu dem Entschluß führte, ein derart kühnes Projekt in Angriff zu nehmen, war unter anderem auch die freundliche Aufnahme, die meine ähnlich breit angelegten Reith-Vorlesungen fanden, die ich 1984 für die BBC verfaßte und unter dem Titel *Minds, Brains, and Science* (deutsche Ausgabe: *Geist, Hirn und Wissenschaft*) als Buch veröffentlichte. Mit beiden Büchern versuche ich ein weites Problemfeld in einer auch dem Nichtspezialisten zugänglichen Weise zu behandeln, ohne dabei jedoch auf intellektuelle Komplexität zu verzichten. Das frühere Buch ging über die Stufen des Geistes und des Gehirns nicht hinaus. In dem vorliegenden Buch wird versucht, sozusagen die Stufen vom Geist zur Sprache und zur gesellschaftlichen Realität im allgemeinen hinaufzusteigen.

Beide Bücher exemplifizieren eine in der zeitgenössischen Philosophie weitverbreitete Tendenz: Für viele Philosophen ist die Philosophie des Geistes jetzt erste Philosophie. Probleme, die die Sprache, Wissen, Ethik, Gesellschaft, Willensfreiheit, Rationalität und viele andere Themen betreffen, geht man am besten mit einem bereits erreichten Verständnis der geistigen Phänomene an. Ich zumindest gehe diese Probleme mit Hilfe einer Analyse des Geistes an, die sowohl den Dualismus als auch den Materialismus ablehnt. Mein Vorhaben war es, ein

Buch über Geist, Sprache und Gesellschaft zu schreiben, und jetzt, wo es fertig ist, fällt mir auf, daß es zu einem unverhältnismäßig großen Teil vom Geist handelt. Angesichts der intellektuellen Basis, die den Ausgangspunkt der Argumentation bildet, sollte dies nicht überraschen.

Von meinen früheren Arbeiten habe ich schamlos Gebrauch gemacht. Wer sie kennt, mag angesichts einiger der in diesem Buch entwickelten Ideen zu Recht ein Déjà-vu-Gefühl verspüren. Dazu kann ich nur sagen: um darzulegen, wie alles miteinander zusammenhängt, muß ich einiges von dem erzählen, was ich schon früher einmal gesagt habe.

Beim Zustandekommen dieses Buchs hat mir eine Reihe von Leuten geholfen. Besonders möchte ich meiner Forschungsassistentin Jennifer Hudin danken und mehr als allen andern meiner Frau Dagmar, die mir wie immer in jedem Stadium der Arbeit eine Hilfe war. Ihr widme ich dieses Buch.

I

Grundlegende Metaphysik: Wirklichkeit und Wahrheit

Die Aufklärungsvision: Die Wirklichkeit und ihre Verständlichkeit

Von den wissenschaftlichen Revolutionen des siebzehnten Jahrhunderts bis in die ersten Jahrzehnte des zwanzigsten war es einem gebildeten Menschen möglich zu glauben, er könne zu Kenntnis und Verständnis darüber gelangen, wie das Universum im wesentlichen funktioniert. Seit der Kopernikanischen Revolution und dank der Newtonschen Mechanik, der Theorie des Elektromagnetismus und Darwins Evolutionstheorie konnte man sich auf das Universum einen gewissen Reim machen; es wurde in gewissem Maße verständlich und durch den stetigen Zuwachs an Wissen und Einsicht immer zugänglicher. Ein gebildeter Mensch konnte sogar das Gefühl haben, die wissenschaftlichen Kenntnisse seien mit seinem religiösen Glauben vollkommen verträglich – ja, sie seien eine Ergänzung. Wer so dachte, mußte allerdings eine Unterscheidung zwischen zwei metaphysischen Bereichen machen: dem geistigen oder spirituellen einerseits und dem physischen oder materiellen andererseits. Die Religion beherrschte den spirituellen Bereich, die Wissenschaft den materiellen. Diese Unterscheidung zwischen dem Bereich des Geistes und dem des Körpers schien aus unabhängigen Gründen berechtigt. Es gab sie ja schon sehr lange, und sie hatte ihre berühmteste Formulierung im Werk des Philosophen René Descartes' gefunden, der in der wissenschaftlichen Revolution des siebzehnten Jahrhunderts eine große Rolle spielte. Selbst Sigmund Freud und Karl Marx, die großen »subversiven« Revolutionäre des späten neunzehnten und frühen zwanzigsten Jahrhunderts, verwarfen zwar den Cartesischen Dualismus, aber sie betrachteten ihr Werk als Teil der sich entwickelnden Wissenschaft, ganz so, wie das der seit dem siebzehnten Jahrhundert vorhandenen Wissenschaftskonzeption entsprach. Freud dachte, eine Wissenschaft des Geistes zu schaffen, Marx eine Wissenschaft der Geschichte und der Gesellschaft.

Kurz, in der westlichen Zivilisation herrschten über lange Zeit die beiden Annahmen vor, daß das Universum vollständig verständlich ist und daß wir zu einem systematischen Verständnis seiner Natur in der Lage sind. Da diese Annahmen in der europäischen Aufklärung mehrfach ihren klassischen Ausdruck fanden, werde ich sie als »die Aufklärungsvision« bezeichnen. Ihren höchsten Punkt erreichte diese optimistische Vision am Ende des neunzehnten Jahrhunderts, insbesondere im Deutschland Bismarcks und im viktorianischen England; und zwei ihrer eloquentesten Vertreter waren Gottlob Frege, ein deutscher Mathematiker und Philosoph, und Bertrand Russell, ein britischer Logiker und Philosoph.

Dieser traditionelle Optimismus (sowohl in Hinblick auf die Natur der Dinge als auch in Hinblick auf unsere Fähigkeit, diese Natur zu begreifen) wurde seit den ersten Jahrzehnten des zwanzigsten Jahrhunderts durch eine Reihe von Ereignissen in Frage gestellt und erschüttert, und zwar nicht nur durch Ereignisse intellektueller Art. Ich vermute, daß der schwerste psychologische Schlag gegen den intellektuellen Optimismus des neunzehnten Jahrhunderts nicht in irgendeiner intellektuellen Entwicklung bestand, sondern vielmehr in der Katastrophe des ersten Weltkriegs. Allerdings gab es auch eine Reihe von rein intellektuellen Erschütterungen der Aufklärungsvision. Sowohl die Verständlichkeit der wirklichen Welt als auch unser Vermögen, die Welt zu begreifen, schienen durch Ergebnisse aus unterschiedlichen Bereichen bedroht. Erstens stellte die Relativitätstheorie unsere fundamentalsten Annahmen über Raum und Zeit, über Materie und Energie in Frage. Wie sollen wir zum Beispiel ein Universum verstehen, in dem jemand, der mit Beinahe-Lichtgeschwindigkeit ins All startete und nach zehn Jahren zurückkehrte, selbst nur zehn Jahre älter wäre, aber alles auf der Erde um hundert Jahre gealtert anträfe? Zweitens schien die Entdeckung der mengentheoretischen Paradoxien die Rationalität der Mathematik, jener Festung der Rationalität, in Frage zu stellen. Wenn die Grundlagen der Mathematik einen Widerspruch enthalten, dann scheint gar nichts mehr sicher zu sein. Entsprechend schrieb Frege an Russell, als dieser ihm sein Paradox zur Kenntnis brachte: »Ihre Entdeckung des Widerspruchs hat mich auf's Höchste überrascht und, fast möchte ich sagen, bestürzt, weil dadurch der Grund, auf dem ich die Arithmetik aufzubauen dachte, in's Wanken geräth.« Durch Russells Paradox scheine »die einzig mögliche Grundlage der Arithmetik zu versinken«.[1] Drittens wurde die Freudsche Psychologie nicht als ein Zugang zu einer verbesserten Rationalität gewertet, sondern als Beweis der Unmöglichkeit von Rationalität. Laut Freud ist das rationale Bewußtsein nur eine Insel im Meer des irrationalen Unbewußten. Viertens schien Gödels Unvollständigkeitsbeweis der Mathematik einen weiteren Schlag zu versetzen. Es gibt wahre Sätze in mathematischen Systemen, deren Wahrheit erkannt, aber nicht in diesen Systemen bewiesen werden kann. Vor Gödel schien es so, daß das Wort »wahr« in der Mathematik eine Bedeutung hat, die mathematische Beweisbarkeit impliziert. Fünftens (und dies war das Schlimmste von allem) sah es so aus, als sei die Quantenmechanik in gewissen Deutungen mit unseren traditionellen Konzeptionen von der Bestimmtheit und unabhängigen Existenz des materiellen Universums schlicht unvereinbar. Die Quantenmechanik schien zu zeigen, daß die materielle Wirklichkeit auf ihrer fundamentalsten Ebene indeterministisch ist und daß der Beobachter durch den Beobachtungsvorgang selbst die von ihm beobachtete Wirklichkeit teilweise miterschafft. Sechstens geriet gegen Ende des zwanzigsten Jahrhunderts die Rationalität der Wissenschaft selbst unter Beschuß; Autoren wie Thomas Kuhn und Paul Feyerabend legten dar, daß die Wissenschaft selbst von Zufälligkeit und Irra-

1 Brief an Russell vom 22. Juni 1902. In: Gottlob Frege, *Wissenschaftlicher Briefwechsel,* Hamburg 1976, S. 223.

tionalität durchdrungen sei. Kuhn, so meinte man, habe gezeigt, daß eine größere wissenschaftliche Revolution nicht einfach eine neue Beschreibung derselben Wirklichkeit mit sich bringt, sondern eine andere »Wirklichkeit« erschafft; »daß«, wie Kuhn sagt, »die Wissenschaftler nach einer Revolution in einer anderen Welt arbeiten«.[2] Und nach Auffassung vieler hat Ludwig Wittgenstein, der einflußreichste Philosoph des zwanzigsten Jahrhunderts, gezeigt, daß unser Miteinander-Reden in einer Abfolge von ineinander unübersetzbaren und miteinander unvergleichbaren Sprachspielen bestehe. Wir spielen miteinander nicht ein großes Sprachspiel, in dem es universale Rationalitätsstandards gibt und in dem allen alles verständlich ist, sondern viele kleinere Sprachspiele, deren jedes seine ihm ganz eigenen Verständlichkeitsstandards hat.

Diese trübsinnig stimmende Liste ließe sich fortsetzen. So vertreten beispielsweise einige Anthropologen die Behauptung, es gebe keine universal gültige Rationalität, sondern von Kultur zu Kultur verschiedene Rationalitäten. Ähnliche Varianten des Relativismus sind in den intellektuellen Strömungen verbreitet, die man zusammenfassend als »postmodern« bezeichnet. Die Postmodernisten sehen sich als die Überwinder der Aufklärungsvision.

Um meine Karten gleich von Anfang an auf den Tisch zu legen: Ich teile die Aufklärungsvision. Ich denke, daß das Universum völlig unabhängig vom menschlichen Geist existiert und daß wir – im Rahmen der Grenzen, die uns durch unsere evolutionäre Ausstattung gesetzt sind – dazu gelangen können, die Natur des Universums zu begreifen. Was hat sich seit dem neunzehnten Jahrhundert wirklich geändert? Es ist meines Erachtens nicht so, daß die Welt seitdem in irgendeiner aufregenden oder apokalyptischen Art und Weise unverständlich geworden wäre. Sie ist allerdings viel schwerer zu verstehen, und zwar aus dem ziemlich langweiligen und wenig aufregenden Grund, daß man cleverer sein und viel mehr wissen muß. Zum

2 Thomas Kuhn, *Die Struktur wissenschaftlicher Revolutionen*, Frankfurt am Main 1973, S. 180 (engl.: *The Structure of Scientific Revolutions*, Chicago ²1970).

Beispiel muß man eine Menge Mathematik kennen, um die heutige Physik zu verstehen. Ich werde nicht den Versuch unternehmen, auf alle aufgeführten Einwände gegen die Aufklärungsvision eine Antwort zu geben. Dazu wären mehrere Bücher nötig. Da mein Hauptanliegen konstruktiver Art ist, möchte ich vielmehr kurz darlegen, warum mich die gerade vorgestellten Argumente nicht beunruhigen, um dann ein wenig detaillierter auf verschiedene Aspekte der »postmodernen« Herausforderung einzugehen.

Erstens, die Relativitätstheorie ist keine Widerlegung der traditionellen Physik, sondern deren Erweiterung. Sie verlangt uns kontraintuitives Denken über Raum und Zeit ab, aber dadurch ist die Verständlichkeit des Universums nicht bedroht. Man erinnere sich daran, daß die Newtonsche Mechanik im siebzehnten Jahrhundert ebenfalls paradox wirkte. Zweitens, die logischen Paradoxien (sowohl die semantischen als auch die mengentheoretischen) weisen nach meinem Eindruck nur auf gewisse philosophische Irrtümer hin, denen man aufsitzen kann. Genausowenig wie Zenons berühmte Paradoxien zu Raum, Zeit und Bewegung die Unwirklichkeit von Raum, Zeit oder Bewegung aufweisen,[3] weisen die logischen Paradoxien auf irgendwelche Widersprüche im Kern von Sprache, Logik und Mathematik hin. Drittens, was auch immer letztlich der kulturelle Beitrag der Freudschen Psychologie sein mag, als eine wissenschaftliche Theorie wird sie nicht mehr ernstgenommen. Zwar existiert sie weiterhin als ein kulturelles Phänomen, aber es gibt nicht viele seriöse Wissenschaftler, die der Auffassung sind, sie könne die psychische Entwicklung und Pathologie des Menschen in einer wissenschaftlich wohlfundierten Weise erklären. Viertens, Gödels Beweis unterstützt in gewisser Weise die traditionelle rationalistische Konzeption, der zufolge zwischen der Ontologie (dem, was es gibt) und der Erkenntnistheorie (dem, woher wir darum wissen) zu trennen

3 Zenon hat argumentiert, daß man zum Beispiel, um das Zimmer zu durchqueren, zunächst einmal das halbe Zimmer durchqueren müßte, und zu diesem Zwecke wiederum die Hälfte des halben Zimmers. Und so weiter, ad infinitum. Er zog daraus den Schluß, daß jederlei Bewegung überhaupt unmöglich sei.

ist. Wahrheit hat es mit Tatsachen-Entsprechung zu tun. Wenn eine Feststellung wahr ist, muß es eine Tatsache geben, dank der sie wahr ist. Tatsachen haben es mit dem zu tun, was existiert; sie gehören zur Ontologie. Beweisbarkeit und Verifikation haben es mit dem Herausfinden der Wahrheit zu tun und sind mithin erkenntnistheoretische Begriffe, die nicht mit den Tatsachen durcheinandergebracht werden dürfen, die wir herausfinden. Gödel zeigt zwingend, daß mathematische Wahrheit nicht mit Beweisbarkeit gleichgesetzt werden kann. Fünftens, die Quantenmechanik stellt, das räume ich ein, in gewissen Deutungen die Aufklärungsvision ernsthaft in Frage, und mir fehlt die Fachkompetenz, um seriös einschätzen zu können, welche Bedeutsamkeit das hat. Allerdings möchte ich zwischen zwei Thesen unterscheiden, und zwar der These einerseits, daß die Quantenmechanik eine Unbestimmtheit in der Beziehung zwischen Mikro- und Makroebenen zeigt, und der These andererseits, sie zeige, daß es keine beobachter-unabhängige Wirklichkeit gibt. Soweit ich dies beurteilen kann, müssen wir einfach ein gewisses Maß an statistischer Unbestimmtheit bei den Mikro-Makro-Beziehungen als eine reale Tatsache hinnehmen. Allerdings enthalten die tatsächlichen Resultate der Quantenmechanik, soweit ich sehe, nichts, wodurch wir zu dem Schluß gezwungen sind, daß der Beobachter die beobachtete Wirklichkeit zum Teil miterschafft. Derartige Paradoxe sind nicht in den tatsächlichen *Resultaten* der Experimente enthalten, sondern in einigen *Deutungen* der Resultate; und nichts zwingt uns, eine paradoxe und kontraintuitive Deutung zu akzeptieren, auch wenn einige Physiker das tun.[4] Sechstens, die Bemühungen, den Rationalitätsrelativismus zu beweisen – also zu zeigen, daß alle Rationalitätsstandards kulturrelativ sind – enden ausnahmslos damit, daß sich das Gegenteil zeigt. Ein Beispiel: Der Anthropologe, der den Kulturrelativismus untermauern möchte, berichtet uns, daß die Nuer

4 Zu einem Beispiel für einen Physiker, der die paradoxen Deutungen der Quantenmechanik nicht akzeptiert, vgl. P.R. Wallace, *Paradox Lost: Images of the Quantum*, New York 1996.

Zwillinge als Vögel betrachten und daß in gewissen ihrer Zeremonien eine Gurke der Kopf eines Ochsen ist. Sobald er uns jedoch erklärt, welchen Sinn die Nuer mit diesen Feststellungen verbinden, stellt sich jedes Mal heraus, daß er uns sagen kann, welchen Sinn *im Lichte unserer Standards* sie damit verbinden, und somit, welchen Sinn das für uns hat. Es stellt sich heraus, daß die scheinbare Irrationalität innerhalb einer Stammeskultur sich mit den *universalen* Rationalitätsstandards verständlich machen läßt.

In diesem Buch möchte ich die heutige Epoche der Konfusion zum Anlaß für ein sehr traditionelles philosophisches Unterfangen nehmen; ich möchte eine Theorie über einige anscheinend verschiedenartige Phänomene entwickeln, um ihre tieferliegende Einheit aufzuzeigen. Ich glaube nicht, daß wir in zwei Welten – der geistigen und der physischen – leben, und erst recht nicht, daß wir in dreien leben: der geistigen, der physischen und der kulturellen. Vielmehr leben wir in einer Welt, und ich möchte die Beziehungen zwischen einigen der vielen Teile dieser einen Welt beschreiben. Ich möchte die allgemeine Struktur einiger Teile der Wirklichkeit erklären, die philosophisch am rätselhaftesten sind. Genauer gesagt, möchte ich gewisse Strukturmerkmale von Geist, Sprache und Gesellschaft erklären und dann zeigen, wie sie zusammenpassen. Mein Ziel ist es also, einen bescheidenen Beitrag zur Aufklärungsvision zu leisten.

Die Philosophie wird eingeführt

Dieses Projekt mag sich allzu ehrgeizig ausnehmen, aber in wenigstens einem wichtigen Sinn ist dieses Buch eine »Einführung« in die Philosophie: Beim Leser wird weder eine philosophische Ausbildung noch Fachwissen vorausgesetzt.

Es gibt gewöhnlich zwei Arten solcher Einführungen in die Philosophie, aber dieses Buch hier ist weder von der einen noch von der andern Art. Deshalb halte ich es für wichtig, den

Unterschied zu andern Arten von Einführungen eingangs deutlich zu machen. Ein Einführungsbuch des ersten und wohl geläufigsten Typs führt den Leser durch eine Reihe berühmter philosophischer Probleme, wie etwa: Willensfreiheit, Existenz Gottes, das Körper/Geist-Problem, das Problem von Skeptizismus und Wissen oder das von Gut und Böse. Ein gutes Beispiel aus der jüngeren Vergangenheit für ein Buch dieses Typs ist Thomas Nagels *Was bedeutet das alles?*.[5] Ein Einführungsbuch des zweiten Typs enthält eine kurze Geschichte der Philosophie. Dem Leser wird eine knappe Darstellung der wichtigeren philosophischen Denker und Lehren gegeben; es geht mit den Vorsokratikern los und hört auf mit einer prominenten Figur der jüngeren Vergangenheit (Wittgenstein z. B.) oder mit einer Strömung (z. B. dem Existenzialismus). Das vielleicht berühmteste Buch dieses Typs ist Bertrand Russells *Philosophie des Abendlandes*.[6] In punkto Gelehrsamkeit ist Russells Buch schwach, aber für die Verbreitung des philosophischen Denkens hat es meines Erachtens mehr geleistet als historisch genauere Darstellungen, denn jedermann kann es mit Genuß lesen und einigermaßen gut verstehen. Ich habe es als Teenager gelesen, und es hat mich sehr beeindruckt. Jimmy Carter hatte es während seiner Präsidentschaft angeblich immer auf dem Nachttisch liegen.

Das vorliegende Buch ist weder ein Überblick über die großen Fragen noch eine Geschichte der Philosophie. Ja, es ist von einer Art, die aus der Mode gekommen ist, und viele gute Philosophen würden denken, daß solche Bücher unmöglich sind. Es ist synthetisch, insofern mit ihm die Synthese einer Reihe von Theorien über anscheinend zusammenhangslose oder nur locker miteinander zusammenhängende Themen versucht wird. Weil wir in einer einzigen Welt leben, sollten wir in der Lage sein zu erklären, wie deren verschiedene Teile zuein-

5 Thomas Nagel, *Was bedeutet das alles? Eine ganz kurze Einführung in die Philosophie*, Stuttgart 1990 (engl.: *What Does It All Mean? A Very Short Introduction to Philosophy*, New York 1987).

6 Bertrand Russell, *Philosophie des Abendlandes*, Zürich 1950 (engl.: *A History of Western Philosophy*, New York 1945).

ander in Beziehung stehen und wie sie alle in einem kohärenten Ganzen zusammenhängen. Die Wörter »Synthese« und »synthetisch« möchte ich besonders hervorheben, denn meine philosophische Ausbildung erhielt ich von Philosophen einer Gruppierung (der ich gewöhnlich auch zugerechnet werde), die das, was sie tun, für sogenannte »analytische Philosophie« halten. Analytische Philosophen nehmen philosophische Fragen auseinander und zergliedern sie in ihre Bestandteile. Sie betreiben sogenannte »logische Analyse«. In diesem Buch gibt es reichlich logische Analyse, aber es ist ebenfalls ein Buch, in dem ich Dinge zusammenfüge. Es ist eine Synthese eines Analytikers. Auf meinen früheren Schriften aufbauend möchte ich erklären, wie gewisse wesentliche Teile des Geistes, der Sprache und der gesellschaftlichen Wirklichkeit funktionieren und ein kohärentes Ganzes bilden.

Ich verfolge drei Ziele. Erstens möchte ich eine Reihe von theoretischen Behauptungen vortragen, sowohl zur Natur von Geist, Sprache und Gesellschaft als auch zu den Beziehungen, die zwischen ihnen bestehen. Zweitens möchte ich dabei einen bestimmten Stil philosophischer Analyse exemplifizieren. Die philosophische Untersuchung ist andern Formen der Untersuchung (wie z. B. der wissenschaftlichen Untersuchung) in wichtigen Hinsichten ähnlich, aber ebenso in wichtigen Hinsichten unähnlich; dies möchte ich im Gang der Erörterung deutlich herausarbeiten. Drittens möchte ich, sozusagen im Vorbeigehen, eine Reihe von Beobachtungen über die Natur philosophischer Verwunderung und philosophischer Probleme machen. Kürzer gesagt: Ich möchte ein bißchen philosophieren, beim Philosophieren möchte ich illustrieren, wie man philosophiert, und ich möchte ein paar Beobachtungen über die besonderen Probleme des Philosophierens machen. Am Ende des Buchs werde ich einige allgemeine Schlußfolgerungen über die Natur der Philosophie formulieren.

Wenn mir gelingt, was ich mir vorgenommen habe, dann sollte fast alles, was ich sage, wahr klingen, und zwar ziemlich offenkundig wahr – ja, sogar derart offenkundig, daß der mit

Philosophie nicht vertraute Leser, an den sich dieses Buch ja richtet, sich gelegentlich fragen wird: Warum erzählt er uns das eigens? Die Antwort ist: Jede Behauptung, die ich mache, auch die offenkundigste, ist (und war oft schon seit Jahrhunderten) Gegenstand der Kontroverse und sogar des wüsten Streits. Warum ist das so? Wie kommt es, daß wir, sobald wir mit dem Philosophieren anfangen, fast unausweichlich dazu getrieben werden, Dinge zu verneinen, von denen wir alle wissen, daß sie wahr sind – z. B., daß es eine wirkliche Welt gibt, daß wir gewisse Formen von Wissen über sie haben können, daß Feststellungen typischerweise wahr sind, wenn sie den Tatsachen entsprechen, und falsch, wenn sie das nicht tun? Wittgenstein dachte, daß der Drang, der uns in die philosophischen Irrtümer führt, vornehmlich von einem Mißverstehen der Funktionsweisen von Sprache herrührt und außerdem von unserer Neigung, übermäßig zu verallgemeinern und die Methoden der Wissenschaft auf Gebiete zu übertragen, auf denen sie nicht taugen. Meines Erachtens sind dies in der Tat einige der Quellen philosophischen Irrtums – aber eben nur einige. Ich werde später hier und da auf andere Irrtumsquellen hinweisen, auch auf einige, die verwerflicher sind als die von Wittgenstein bezeichneten, nämlich Selbstbetrug und Wille zur Macht.

Jedenfalls ist es wert, das auszusprechen, was offenkundig wahr klingt, weil das, was uns offenkundig vorkommt, uns gewöhnlich erst so vorkommt, wenn es ausgesprochen worden ist. Im vorhinein ist es nicht offenkundig, welches die Dinge sind, die ausgesprochen werden müssen. Dieses Buch könnte mithin den Eindruck erwecken, daß ich den Leser zu einer Reise auf einer gut planierten Landstraße mitnehmen werde. Dieser Eindruck trügt. Wir befinden uns auf einem schmalen Pfad durch einen Dschungel. Meine Vorgehensweise wird folgende sein: Zunächst werde ich zeigen, wo der Pfad verläuft, dann werde ich auf die Teile des Dschungels hinweisen, von denen wir uns fernhalten müssen. Oder, um dasselbe hochtrabender auszudrücken, als mir das eigentlich lieb ist: Zunächst werde ich versuchen zu sagen, was wahr ist, und dann auf diejenigen falschen Auffassungen hinweisen, die mit der Wahrheit in Konkurrenz stehen und denen es sich zu einem nicht geringen Teil verdankt, daß die Wahrheit von philosophischem Interesse ist.

Die Standard-Positionen

Zu den meisten philosophischen Themen gibt es eine Position, die man als die Standard-Position bezeichnen kann. Eine Standard-Position ist eine Auffassung, die wir vor jeder Reflexion haben; es bedarf deshalb immer einer bewußt unternommenen Anstrengung und eines überzeugenden Arguments, um sich von ihr zu lösen. Ich nenne die Standard-Positionen zu einigen großen Fragen:

Es gibt eine wirkliche Welt, die unabhängig von uns existiert, unabhängig von unsern Erlebnissen, unsern Gedanken und unserer Sprache.

Zu dieser Welt haben wir vermittels unserer Sinne (insbesondere durch den Tastsinn und den Gesichtssinn) direkten Wahrnehmungszugang.

Die Wörter unserer Sprache, Wörter wie »Hase« oder »Baum«, haben typischerweise eine leidlich klare Bedeutung. Aufgrund ihrer Bedeutung kann man sie dazu verwenden, auf wirkliche Gegenstände in der Welt Bezug zu nehmen und über sie zu sprechen.

Unsere Feststellungen sind typischerweise wahr oder falsch, je nachdem, ob sie dem entsprechen, wie es sich verhält, d. h. ob sie den Tatsachen in der Welt entsprechen.

Verursachung ist eine wirkliche Beziehung zwischen Gegenständen und Ereignissen in der Welt; sie ist eine Beziehung, durch die ein Phänomen, die Ursache, ein anderes, die Wirkung, verursacht.

In unserm gewöhnlichen Alltagsleben werden diese Auffassungen dermaßen als selbstverständlich vorausgesetzt, daß es meines Erachtens irreführend ist, sie überhaupt als »Auffassungen« – als Hypothesen oder Meinungen – zu charakterisieren. Ich bin beispielsweise nicht der *Meinung*, daß es die wirkliche Welt gibt, so wie ich der Meinung bin, daß Shakespeare ein großer Stückeschreiber war. Diese als selbstverständlich genommenen Voraussetzungen gehören zu dem, was ich den

Hintergrund unseres Denkens und unserer Sprache nenne. Das Wort »Hintergrund« verwende ich als Quasi-Fachterminus, seine Bedeutung werde ich später genauer erläutern.

Die Geschichte der Philosophie besteht zum großen Teil in Angriffen auf Standard-Positionen. Die großen Philosophen sind oft dafür berühmt, daß sie etwas verwerfen, was jedermann außer ihnen als selbstverständlich voraussetzt. Der typische Angriff beginnt damit, daß die Rätsel und Paradoxe der Standard-Position dargelegt werden. Anscheinend können wir nicht zugleich an der Standard-Position und an einer Reihe von andern Dingen festhalten, die wir gerne glauben möchten. Also muß die Standard-Position aufgegeben werden und irgendeine revolutionäre neue Auffassung an ihre Stelle treten. Berühmte Beispiele sind David Humes Widerlegung der Idee, daß Verursachung eine wirkliche Beziehung zwischen Ereignissen in der Welt ist, George Berkeleys Widerlegung der Auffassung, daß es eine materielle Welt unabhängig von unsern Wahrnehmungen gibt, und Descartes' (und anderer Philosophen) Ablehnung der Auffassung, daß wir direktes Wahrnehmungswissen von der Welt haben können. In der jüngeren Vergangenheit hat Willard Quine nach Ansicht vieler die Auffassung widerlegt, daß die Wörter unserer Sprache eine eindeutig bestimmte Bedeutung haben. Und eine Reihe von Philosophen denkt, sie hätten die Korrespondenztheorie der Wahrheit widerlegt, d. h. die Auffassung, daß eine wahre Feststellung typischerweise deshalb wahr ist, weil es irgendeine Tatsache, eine Situation oder eine Sachlage gibt, dank der sie wahr ist.

Ich glaube, daß die Standard-Positionen im allgemeinen wahr und die Angriffe auf sie fehlerhaft sind. Gewiß verhält es sich mit allen gerade von mir aufgeführten Beispielen so, denke ich. Es ist unwahrscheinlich, daß die Standard-Positionen die Irrungen und Wirrungen der Menschheitsgeschichte über Jahrhunderte, ja manchmal Jahrtausende, überlebt hätten, wenn sie so falsch wären, wie Philosophen das darstellen. Jedoch sind nicht alle Standard-Positionen wahr. Die vielleicht berühmteste Standard-Position besagt, daß jeder von uns aus zwei separaten Entitäten besteht, einem Körper einerseits und einem Geist oder einer Seele andererseits, und daß diese Entitäten zwar während unseres Lebens miteinander verbunden sind, aber so unabhängig voneinander sind, daß der Geist (oder die Seele) vom Körper abtrennbar ist und als bewußtseinsfähige Entität auch dann noch weiterexistieren kann, wenn der Körper ganz und gar zu nichts geworden ist. Diese Auffassung heißt »Dualismus«. Ich halte sie für falsch und werde dies in Kapitel 2 begründen. Im allgemeinen jedoch sind die Standard-Positionen mit größerer Wahrscheinlichkeit richtiger als ihre Alternativen, und es ist eine betrübliche Sache an meinem Beruf, wie wundervoll er auch ist, daß die berühmtesten und bewundertsten Philosophen auch die mit den groteskesten Theorien sind.

Es ist verlockend anzunehmen, daß das, was ich hier als die Standard-Positionen bezeichnet habe, vom gesunden Menschenverstand als »gesunder Menschenverstand« bezeichnet würde. Aber das ist meines Erachtens ein Fehler. »Gesunder Menschenverstand« ist kein sehr klarer Begriff, aber nach meinem Verständnis geht es beim gesunden Menschenverstand im großen und ganzen um weitverbreitete und normalerweise unbestrittene Überzeugungen. Obgleich es da keine scharfe Trennungslinie gibt, ist doch das, was ich als die Standard-Positionen bezeichnet habe, etwas sehr viel Grundlegenderes als gesunder Menschenverstand. Der gesunde Menschenverstand sagt, vermute ich, zum Beispiel folgendes: Wer möchte, daß Menschen höflich zu ihm sind, tut gut daran, ihnen gegenüber höflich zu sein. Diese Art von gesundem Menschenverstand hat keine Ansichten zu grundlegenden metaphysischen Fragen wie denen nach der Existenz der Außenwelt oder nach der Wirklichkeit von Verursachung. Der gesunde Menschenverstand ist zum größten Teil eine Sache der gesunden Meinungen. Der Hintergrund geht solchen Meinungen voraus.

Einige der interessantesten Fragen in der Philosophie entstehen aus einem offenen Aufeinanderprallen, manchmal sogar aus einer logischen Unverträglichkeit zweier Standard-Positionen. Zum Beispiel scheint es mir so, daß Menschen typischerweise so reden und denken, als nähmen sie an, wir hätten Willensfreiheit einer Art, die den Kausaldeterminismus ausschließt, und als nähmen sie zugleich an, daß es für jede unserer Handlungen eine deterministische Kausalerklärung gibt. In diesem Buch werden wir eine Reihe von Standard-Positionen untersuchen und dabei ganz besonders auf die Kollision solcher Positionen achten. In diesem Kapitel erörtere ich ein Bündel von Standard-Positionen, die sich um die Begriffe der Wirklichkeit und der Wahrheit drehen.

Wirklichkeit und Wahrheit: Die Standard-Position

Unter den Standard-Positionen, die unsern kognitiven Hintergrund bilden, sind gewisse Voraussetzungen über Wirklichkeit und Wahrheit vielleicht die grundlegendsten. Wenn wir handeln, denken oder sprechen, dann setzen wir es als selbstverständlich voraus, daß unsere Handlungen, Gedanken und sprachlichen Äußerungen in einer gewissen Weise zu den Dingen der Außenwelt in Beziehung stehen. Ich stelle dies so dar, als handele es sich dabei um Feststellungen, aber das könnte in die Irre führen, wenn es den Eindruck erweckte, daß wir beim Denken, Reden und sonstigen Handeln außerdem noch theoretisieren. Die Feststellungen über Wirklichkeit und Wahrheit, die ich angebe, kann man als eine (oder sogar als mehr eine) Theorie auffassen, aber wenn der Hintergrund aktiv ist – wenn er sozusagen seine Arbeit macht –, dann brauchen wir keine Theorie. Solche Voraussetzungen gehen allen Theorien voraus.

Jedenfalls setzen wir vielerlei als gegeben voraus, wenn wir in einer der folgenden Weisen handeln, denken oder sprechen. Wenn wir einen Nagel einhämmern, im Restaurant ein Essen zum Mitnehmen bestellen, ein Laborexperiment durchführen oder uns überlegen, wohin wir in den Urlaub fahren, dann setzen wir folgendes als selbstverständlich voraus: Es gibt eine wirkliche Welt, die völlig unabhängig ist von Menschen und dem, was Menschen über sie denken oder sagen, und Feststellungen über Gegenstände und Sachverhalte in dieser Welt sind je nachdem wahr bzw. falsch, ob die Dinge in der Welt wirklich so sind, wie wir sagen, daß sie seien. Wenn ich mich also beispielsweise beim Planen des Urlaubs frage, ob es in Griechenland im Sommer heißer ist als in Italien, dann setze ich es einfach als gegeben voraus, daß es eine wirkliche Welt und in ihr Länder wie Griechenland und Italien gibt und daß es in diesen Ländern unterschiedliche Temperaturen gibt. Weiterhin, wenn ich in einem Reiseführer lese, daß die Durchschnittstemperatur im Sommer in Griechenland höher ist als in Italien, dann weiß ich, daß das, was in dem Buch steht, dann und nur dann wahr ist, wenn es in Griechenland tatsächlich im Durchschnitt wärmer ist als in Italien. Und zwar deshalb, weil ich es als selbstverständlich voraussetze, daß eine solche Feststellung nur dann wahr ist, wenn es etwas von ihr Unabhängiges gibt, kraft dessen (oder durch das) sie wahr ist.

Diese beiden Hintergrund-Voraussetzungen sind sehr alt und haben verschiedene berühmte Namen. Die erste (von der Existenz einer wirklichen Welt, die unabhängig von uns ist) möchte ich den »externen Realismus« nennen. »Realismus«, weil sie besagt, daß es die wirkliche Welt gibt, und »extern«, um sie von andern Arten des Realismus zu unterscheiden – zum Beispiel vom Realismus in bezug auf mathematische Gegenstände (mathematischer Realismus) oder vom Realismus in bezug auf ethische Tatsachen (ethischer Realismus). Die zweite Auffassung (daß eine Feststellung wahr ist, wenn die Dinge in der Welt so sind, wie die Feststellung sagt, und andernfalls falsch) wird »die Korrespondenztheorie der Wahrheit« genannt. Diese Theorie gibt es in vielen verschiedenen Versionen, aber die Grundidee ist, daß Feststellungen wahr sind, wenn sie dem entsprechen oder dazu passen, wie es sich in der Welt wirklich verhält, und daß sie andernfalls falsch sind.

Unter den geistunabhängigen Phänomenen in der Welt gibt es Dinge wie die folgenden: Wasserstoffatome, tektonische Platten, Viren, Bäume und Galaxien. Die Wirklichkeit solcher

Phänomene ist von uns unabhängig. Das Universum gab es schon lange, bevor ein Mensch oder ein anderes Lebewesen mit Bewußtsein auftrat, und es wird noch dasein, wenn wir alle schon längst die Szene verlassen haben werden.

Nicht alle Phänomene in der Welt sind geistunabhängig. Geld, Eigentum, Ehe, Kriege, Fußballspiele und Cocktail-Parties zum Beispiel hängen hinsichtlich ihrer Existenz allesamt von handelnden Menschen mit Bewußtsein ab, wie dies für Berge, Gletscher und Moleküle nicht gilt.

Die Grundbehauptung des externen Realismus – daß es eine wirkliche Welt gibt, die von all unseren Repräsentationen, von all unsern Gedanken, Gefühlen, Meinungen, Sprachen, Diskursen, Texten usw. total und absolut unabhängig ist –, diese Behauptung halte ich für so offenkundig, ja für eine derart wesentliche Bedingung von Rationalität und sogar Verständlichkeit, daß es mir ein bißchen peinlich ist, darüber überhaupt reden und die verschiedenen Einwände dagegen erörtern zu müssen. Wie könnte jemand allen Ernstes den externen Realismus angreifen wollen? Nun, das ist in der Tat eine komplizierte Frage, und ich werde später im einzelnen auf sie eingehen. An dieser Stelle möchte ich jedoch nur festhalten, daß Angriffe auf den externen Realismus nicht isoliert vorgetragen werden. Sie pflegen im philosophischen Verbund mit Angriffen auf andere Hintergrund-Voraussetzungen stattzufinden, die ebenfalls Standard-Positionen sind. Als Realisten nehmen wir auch im allgemeinen an, daß unser Denken, Sprechen und Erleben in direkter Beziehung zur wirklichen Welt steht. Das heißt, wir nehmen an, daß wir, wenn wir Gegenstände wie Bäume oder Berge anschauen, diese dann typischerweise wahrnehmen; daß wir, wenn wir reden, typischerweise Wörter verwenden, die sich auf Gegenstände in einer Welt beziehen, die unabhängig von unserer Sprache existiert; und daß wir, wenn wir denken, oft an wirkliche Dinge denken. Außerdem ist, wie ich schon erwähnt habe, das, was wir über solche Gegenstände sagen, je nachdem wahr bzw. falsch, ob es dem entspricht, wie die Dinge in der Welt sind. Demnach liegt der externe Realismus andern fundamentalen philosophischen Auffassungen zugrunde, die häufig bestritten werden: der Theorie des Wirklichkeitsbezugs von Denken und Sprache und der Korrespondenztheorie der Wahrheit. Dem Denker, der die Korrespondenztheorie der Wahrheit oder die Theorie des Wirklichkeitsbezugs von Denken und Sprache bestreiten will, ist es typischerweise unangenehm, den externen Realismus gelten zu lassen. Oft redet er lieber gar nicht darüber oder hat einen mehr oder weniger subtilen Grund dafür, ihn zu verwerfen. Es kommt in der Tat nur sehr selten vor, daß ein Denker die Katze aus dem Sack läßt und sagt: »So etwas wie eine wirkliche Welt, die absolut, objektiv und total unabhängig von uns existiert, gibt es nicht.« Manchmal wird ganz frank und frei gesagt, die sogenannte wirkliche Welt sei ein »soziales Konstrukt«. Aber solch ein direktes Ableugnen des externen Realismus ist selten. Typischer ist der folgende Zug des Antirealisten: Er präsentiert eine Argumentation, durch die die Standard-Position, wie ich sie gerade beschrieben habe, anscheinend in Frage gestellt wird, und dann behauptet er, daß dadurch irgendeine andere Position gestützt wird, die er verteidigen möchte – irgendeine Variante solcher Auffassungen, für die es Bezeichnungen wie »sozialer Konstruktionismus«, »Pragmatismus«, »Dekonstruktionismus«, »Relativismus«, »Postmodernismus« und dergleichen gibt.

Die logische Struktur der Lage, vor der der Antirealist steht, ist folgende:

1. Angenommen, der externe Realismus ist wahr. Dann gibt es eine wirkliche Welt, die unabhängig von uns und unsern Interessen ist.
2. Wenn es eine wirkliche Welt gibt, dann ist sie wirklich so-und-so. Es gibt ein objektives So-und-so-Sein der Dinge in der Welt.
3. Wenn Dinge wirklich so-und-so sind, sollten wir in der Lage sein zu sagen, wie sie sind.
4. Wenn wir sagen können, wie die (oder wie manche) Dinge sind, dann ist das, was wir sagen, in dem Maße objektiv wahr bzw. falsch, in dem es uns gelingt bzw. mißlingt zu sagen, wie sie sind.

Wer einer Spielart des Subjektivismus oder des Relativismus

anhängt und die vierte These zurückweisen möchte, dem ist auch die erste unangenehm; er hat das Gefühl, er müsse sie ebenfalls zurückweisen oder (wie es dann manchmal heißt) »in Frage stellen«.

Angriffe auf den externen Realismus sind nichts Neues. Es gibt sie seit vielen hundert Jahren. Am berühmtesten ist vielleicht die Behauptung des Bischofs Berkeley, daß das, was wir für materielle Gegenstände halten, in Wirklichkeit bloß Ansammlungen von »Ideen« seien, worunter er Bewußtseinszustände verstand. Tatsächlich reicht diese Tradition, die als »Idealismus« oder auch als »Phänomenalismus« bezeichnet wird, bis ins zwanzigste Jahrhundert hinein. Diese Auffassung wurde als »Idealismus« bezeichnet, weil sie besagt, daß »Ideen« (in dem gerade erwähnten speziellen Sinn dieses Worts) die einzige Wirklichkeit sind. Vermutlich war Georg Wilhelm Friedrich Hegel der einflußreichste Idealist aller Zeiten. Die Grundthese des Idealismus ist: Die Wirklichkeit hat letzten Endes nichts mit etwas von unsern Wahrnehmungen und sonstigen Repräsentationen unabhängig Existierendem zu tun, vielmehr ist die Wirklichkeit durch unsere Wahrnehmungen und Repräsentationen anderer Art konstituiert. Wenn wir den Anspruch erheben, etwas zu wissen, dann müssen wir solch einen Anspruch nicht vor einer unabhängig existierenden Wirklichkeit verantworten; vielmehr bringen wir die Wirklichkeit dazu, sich vor unsern Repräsentationen zu verantworten. Die ausgeklügeltste Version des Idealismus findet sich meines Erachtens in der Philosophie Immanuel Kants, der dachte, daß die »phänomenale Welt« – so bezeichnete er die Welt der Stühle, Tische, Bäume, Planeten usw. – vollständig aus unsern Repräsentationen bestehe. Tatsächlich gibt es, dachte er, außerdem noch eine andere Welt hinter unserer phänomenalen Welt: eine Welt der »Dinge an sich«. Aber diese Welt ist uns völlig unzugänglich; wir können nicht einmal sinnvoll darüber reden. Die empirische Welt – d. h. die Welt, die wir erleben und in der wir leben – ist in Wirklichkeit eine Welt des systematischen Erscheinens: wie Dinge uns erscheinen, das ist die empirische

Welt. Der Unterschied zwischen Kant und andern Idealisten wie Berkeley besteht darin, daß Kant meinte, es gebe zusätzlich zu der Welt der Erscheinungen auch noch eine Wirklichkeit der Dinge an sich hinter den Erscheinungen, von der wir keinerlei Wissen haben können.

Warum haben so viele fähige Philosophen den Idealismus in seinen unterschiedlichen Spielarten so attraktiv gefunden? Nun, einer seiner Vorteile ist es, daß er uns in die Lage versetzt, auf die Herausforderung des Skeptizismus zu antworten – der Auffassung, wir könnten nicht wirklich wissen, wie die Welt ist. Historisch gesehen entstand der Idealismus in der Tat aus gescheiterten Versuchen, eine Antwort auf den Skeptizismus der von Descartes vorgetragenen Art zu geben. Alle Arten des Skeptizismus beruhen auf der Behauptung, daß wir, selbst wenn wir für die Wahrheit irgendeiner beliebigen Behauptung alle Belege hätten, die möglich sind, trotzdem immer noch grundlegend falschliegen könnten. Wir können die vollkommensten Hinweise, die es überhaupt geben kann, dafür haben, daß eine Außenwelt existiert, und dabei unter einer massiven Halluzination leiden. Jeder von uns könnte von einem bösen Dämon getäuscht werden, könnte ein Hirn im Tank sein, könnte träumen und so weiter.[7] Der Idealist löst dieses Problem dadurch, daß er die Kluft zwischen den Anhaltspunkten, die wir haben, und der Wirklichkeit so beseitigt, daß Anhaltspunkte und Wirklichkeit zusammenfallen. Es ist dann nicht weiter schwierig, die Dinge, die nicht wirklich sind (Fälle von Sinnestäuschung, Halluzination usw.), von denen zu unterscheiden, die für die »wirkliche Welt« konstitutiv sind. Sinnestäuschungen sind einfach Erscheinungen, die mit unsern andern Erscheinungen nicht in der geeigneten Weise zusammenpassen. Aber sowohl im Falle von Wahrnehmungen, die Sinnestäuschungen sind, als auch im Falle von Wahrnehmungen, die keine sind, gibt es nichts jenseits unse-

7 Das »Hirn im Tank« ist eine philosophische Erfindung, die besagt, daß man zwar alle Erlebnisse hat, aber nur ein Hirn in einem Tank mit Nährflüssigkeit ist. Die Erlebnisse werden künstlich durch elektrische Reizungen des Hirns erzeugt.

rer Repräsentationen. Die Attraktivität des Idealismus besteht also, kurz gesagt, darin, daß die Kluft zwischen Wirklichkeit und Erscheinung, die den Skeptizismus ermöglicht, beseitigt wird. Die Wirklichkeit besteht in systematischen Erscheinungen.

Ich muß jedoch gestehen, daß ich hinter der anhaltenden Attraktivität des Antirealismus einen viel tieferliegenden Grund vermute. Welcher das ist, wurde im zwanzigsten Jahrhundert deutlich: Der Antirealismus befriedigt ein tiefliegendes Verlangen nach Macht. Irgendwie scheint der Gedanke zu eklig, wir sollten der »wirklichen Welt« auf Gedeih und Verderb ausgeliefert sein. Daß unsere Repräsentationen sich vor irgend etwas außer uns zu verantworten hätten, ist uns unerträglich. Das ist der Grund, weshalb zeitgenössische Vertreter des Antirealismus, die die Korrespondenztheorie der Wahrheit abstreiten, ihre Gegenposition so gerne verächtlich machen. Richard Rorty zum Beispiel spricht sarkastisch über die »*Wirklichkeit*, wie *sie* an *sich ist*« [»*Reality as It Is in Itself*«].[8]

Vor fünfzig Jahren schien der Idealismus tot, und was diejenige Version angeht, die durch die von Berkeley zu Hegel verlaufende Linie gekennzeichnet ist, ist das auch weitgehend immer noch richtig. Neuerdings sind jedoch neue Formen der Leugnung des Realismus aufgetaucht. Mit Rortys Worten: Es wurde »eine Position wieder zu intellektuellem Ansehen« gebracht, »die dem Idealismus sehr ähnlich war«.[9] Es gibt verschiedene Versionen, jede von ihnen obskurer als die vor ihr, und die Etiketten, unter denen sie auftreten, lauten z. B.: »Dekonstruktion«, »Ethnomethodologie«, »Pragmatismus« und »sozialer Konstruktionismus«. Ich hatte einmal eine Debatte mit einem berühmten Ethnomethodologen, der behauptete, gezeigt zu haben, daß Astronomen mit ihren Forschungen und Diskursen tatsächlich die Quasare und andern astronomischen

8 Richard Rorty, »Does Academic Freedom Have Metaphysical Presuppositions?«, *Academe* 80 (1994), S. 57.

9 Richard Rorty, *Der Spiegel der Natur. Eine Kritik der Philosophie*, Frankfurt am Main 1987, S. 302 (engl.: *Philosophy and the Mirror of Nature*, Princeton 1979).

Phänomene erschaffen. »Schauen Sie«, sagte ich zu ihm, »angenommen, wir beide machen im Mondschein zusammen einen Spaziergang, und ich sage zu Ihnen: ›Schöner Mond heute nacht‹, und Sie stimmen mir zu. Erschaffen wir dann den Mond?« »Ja«, sagte er.

Die Frage, wie der Skeptizismus sich vermeiden läßt, war am Ende des zwanzigsten Jahrhunderts kein so einflußreiches Motiv für den Antirealismus. Es ist nicht einfach, Klarheit darüber zu gewinnen, was die Triebfeder des zeitgenössischen Antirealismus ist, aber wenn wir aus der reichen Vielfalt von Argumenten einen roten Faden aussondern müßten, dann wäre dies der sogenannte »Perspektivismus«. Der Perspektivismus ist die Idee, daß unsere Kenntnis der Wirklichkeit niemals »ohne eine Vermittlung« ist, daß sie immer durch einen Standpunkt vermittelt ist: durch bestimmte Vorlieben oder (noch schlimmer) durch finstere politische Motive, wie Treue zu einer politischen Gruppe oder Ideologie. Und weil wir niemals eine unvermittelte Kenntnis der Welt haben können, gibt es vielleicht keine wirkliche Welt, oder vielleicht ist es nutzlos, überhaupt nur darüber zu reden, ja vielleicht ist das alles nicht einmal interessant. So ist der Antirealismus am Ende des zwanzigsten Jahrhunderts ein bißchen verschämt und ausweichend. Wenn ich ihn »verschämt« und »ausweichend« nenne, dann habe ich den Kontrast zu der blanken, platten, derben Art im Auge, in der ich hier die Standard-Position formuliere: Es gibt eine wirkliche Welt, die von uns total unabhängig ist. Eine Welt der Berge, Moleküle, Bäume, Ozeane, Galaxien und so weiter. Betrachten wir ein paar kontrastierende Auffassungen. Hilary Putnam schreibt: »Wenn metaphorisch geredet werden muß, dann sei dies die Metapher: der Geist und die Welt bilden gemeinsam den Geist und die Welt.«[10] Jacques Derrida schreibt: »Ein Text-Äußeres gibt es nicht« [»*Il n'y a pas de hors texte*«].[11] Richard Rorty schreibt: »Ich denke, die ganze Idee

10 Hilary Putnam, *The Many Faces of Realism*, La Salle 1987, S. 1.

11 Jacques Derrida, *Grammatologie*, Frankfurt am Main 1983, S. 274 (franz.: *De la grammatologie*, Paris 1967).

einer ›Tatsache‹ ist eine, ohne die es uns besser ginge.«[12] Nelson Goodman behauptet, daß wir Welten machen, indem wir Grenzen in bestimmter Weise und nicht anders ziehen.

Wie wir also nun Sternbilder dadurch erzeugen, daß wir bestimmte Sterne und nicht andere herausgreifen und zusammenbringen, so erzeugen wir auch Sterne dadurch, daß wir bestimmte Grenzen ziehen und nicht andere. Es gibt keine Vorschrift, nach der der Himmel in Sternbilder oder andere Gegenstände aufgeteilt werden muß. Wir müssen erzeugen, was wir finden, sei es der große Wagen, Sirius, Nahrung, Brennstoff oder ein Stereosystem.[13]

Was sollen wir in Reaktion auf diese Angriffe auf die Standard-Position sagen? Zwar werde ich eine Antwort auf einige der üblichsten Argumentationen geben, aber ich muß gleich am Anfang gestehen, daß es gar keine Argumentation ist, die meines Erachtens wirklich die treibende Kraft hinter dem Anti-Realismus ist. Ich denke, es ist eine Tatsache der Kultur- und Geistesgeschichte unserer Zeit, daß die Attacken gegen den Realismus gar nicht von Argumenten leben. Denn die Argumente sind schwach, wie ich gleich im einzelnen darlegen werde. Die Motivation der Ablehnung des Realismus ist vielmehr, wie ich schon angedeutet habe, eine Art Wille zur Macht, und der manifestiert sich auf vielerlei Art. An den Universitäten, ganz besonders in verschiedenen geisteswissenschaftlichen Disziplinen, nimmt man an, daß, wenn es keine wirkliche Welt gibt, dann die Naturwissenschaft mit den Geisteswissenschaften gleichgestellt sind. In beiden geht es um soziale Konstrukte, nicht um unabhängige Wirklichkeiten. Aus dieser Annahme lassen sich dann Formen des Postmodernismus, Dekonstruktionismus usw. mit Leichtigkeit entwickeln; die Verbindungen sind gekappt, die Zwänge abgeschüttelt, man ist völlig von den Lästigkeiten befreit, die eine Konfrontation mit der wirklichen Welt mit sich bringt. Wenn die wirkliche Welt

12 Richard Rorty, »The Priority of Democracy To Philosophy«, in: M. Peterson/R. Vaughn (Hrsg.), *The Virginia Statute for Religious Freedom*, Cambridge 1988, S. 271.

13 Nelson Goodman, *Vom Denken und anderen Dingen*, Frankfurt am Main 1987, S. 60-61 (engl.: *Of Mind and Other Matters*, Cambridge, Mass. 1984).

einfach nur eine Erfindung ist – ein soziales Konstrukt zum Zwecke der Unterdrückung der gesellschaftlichen Randgruppen –, dann laßt uns die wirkliche Welt loswerden und die Welt konstruieren, die wir wollen! Das ist, denke ich, die wirklich treibende psychologische Kraft hinter dem Anti-Realismus am Ende des zwanzigsten Jahrhunderts.

Zwei Anmerkungen logischer Art muß ich allerdings sofort hinzufügen. Erstens ist die Darlegung der psychologischen Ursprünge des Anti-Realismus keine Widerlegung des Anti-Realismus. Es wäre ein Fehlschluß anzunehmen, durch die Bloßlegung der illegitimen Ursprünge der Argumente gegen den Realismus würden die Argumente selbst widerlegt. So einfach geht es nicht. Zweitens wurden Argumente gegen den Realismus vorgebracht, und deshalb müssen wir eine detaillierte Antwort auf sie geben. Also, auf geht's.

Vier Angriffe auf den Realismus

Die heutzutage geläufigste Argumentation gegen den Realismus ist, wie gesagt, die des Perspektivismus. Es gibt sie in unterschiedlichen Formen, durch die sich aber folgende These als roter Faden hindurchzieht: Nur von einem gewissen Standpunkt aus (»unter einem bestimmten Aspekt«, indem wir gewisse Voraussetzungen machen oder eine gewisse Einstellung einnehmen) haben wir die Möglichkeit, die wirkliche Welt zu repräsentieren und mit ihr zurechtzukommen. Wenn es keinen unvermittelten Zugang zur Wirklichkeit gibt, dann – so das Argument – ist es eigentlich witzlos, über die Wirklichkeit zu reden, und in der Tat gilt: Es gibt keine Wirklichkeit unabhängig von allen Einstellungen, Aspekten oder Standpunkten. Eine gute Formulierung eines derartigen Perspektivismus findet sich in einem Lehrbuch zur Philosophie der Sozialwissenschaften, das Brian Fay verfaßt hat. (Nebenbei gesagt, wenn wir uns Lehrbücher anschauen, die für Studienanfänger geschrieben sind, dann finden wir oft mehr darüber heraus, was sich in einer Kultur abspielt, als wenn wir uns die Arbeiten renommierterer Denker anschauen. Die Lehrbücher sind weniger geschickt im Verdecken.)

Der Perspektivismus ist die dominante epistemologische Form des geistigen Lebens unserer Zeit. Der *Perspektivismus* ist die Auffassung, daß alles Wissen seiner Art nach wesentlich perspektivisch ist. Das heißt: Wissensansprüche und ihre Bewertung finden immer *innerhalb* eines Rahmens statt, der die begrifflichen Mittel bereitstellt, mit denen die Welt beschrieben und erklärt wird. Dem Perspektivismus zufolge betrachtet niemand jemals die Wirklichkeit direkt so, wie sie an sich ist; vielmehr nähert jeder sich ihr von seinem eigenen Standpunkt aus, mit seinen eigenen Annahmen und vorgefaßten Meinungen.[14]

Bis zu diesem Punkt scheint das nicht einmal ein Angriff auf den Realismus selbst der naivsten Art zu sein. Es besagt ja nur, daß man die Wirklichkeit von einem Standpunkt aus kennen muß, um sie überhaupt zu kennen. Der einzige Fehler in diesem Textstück ist die Annahme, es sei auf irgendeine Weise erforderlich, die Wirklichkeit von keinem Standpunkt aus zu kennen, um sie direkt so zu kennen, wie sie an sich ist. Beispielsweise sehe ich direkt den Stuhl vor mir, aber natürlich sehe ich ihn von einem Standpunkt aus. Die Kenntnis, die ich von ihm habe, ist direkt aus einer Perspektive. Insofern es überhaupt verständlich ist davon zu sprechen, jemand habe Wissen von der »Wirklichkeit direkt so, wie sie an sich ist«, habe ich solches Wissen, wenn ich weiß, daß da drüben ein Stuhl steht, weil ich ihn sehe. Und das heißt, daß der so definierte Perspektivismus sowohl mit dem Realismus verträglich ist als auch mit der Lehre von der epistemischen Objektivität, die besagt, daß wir direkten Wahrnehmungszugang zur wirklichen Welt haben.

Der springende Punkt kommt, wenn Fay schließlich sagt, daß der Perspektivismus es unmöglich mache, Wissen von unabhängig existierenden Tatsachen zu haben. Die Argumentation geht so:

Man beachte hier, daß Tatsachen niemals die Phänomene selbst sind, sondern *Phänomene unter einer bestimmten Beschreibung*. Tatsachen sind

14 Brian Fay, *Contemporary Philosophy of Social Science*, Oxford 1996, S. 72.

Entitäten mit sprachlicher Bedeutung, die aus dem Strom der Ereignisse das aussondern, was geschehen ist oder existiert. Dies bedeutet jedoch, daß es ein Vokabular geben muß, mit dem sich Tatsachen beschreiben lassen, damit es sie überhaupt geben kann. Ohne ein vorgängiges Vokabular, das an eine Situation herangetragen und in dem sie beschrieben wird, gäbe es keine wie auch immer gearteten Tatsachen.

Und im nächsten Absatz heißt es:

Kurz gesagt: Tatsachen sind in Begriffsschemata verwurzelt.[15]

Diese gesamte Textstelle scheint mir typisch für die Argumente, die in der zeitgenössischen Philosophie gegen den externen Realismus eingesetzt werden. Allesamt sind sie schlechte Argumente. Zwar brauchen wir, das ist wahr, ein Vokabular, um Tatsachen zu *beschreiben* und *Behauptungen* über sie *aufzustellen*. Aber genausowenig wie daraus, daß ich die Wirklichkeit immer von einem Standpunkt und unter gewissen Aspekten sehe, folgt, daß ich die Wirklichkeit niemals direkt wahrnehme, ergibt sich daraus, daß ich ein Vokabular oder eine Sprache brauche, um die Tatsachen zu beschreiben, zu kennzeichnen und mitzuteilen, die Folgerung, daß die von mir beschriebenen Tatsachen keine unabhängige Existenz haben. Die Tatsache, daß im Atlantik Salzwasser ist, existierte schon lange, bevor irgend jemand diese Ansammlung von Wasser als den Atlantik identifizierte oder die Flüssigkeit darin als Wasser oder einen der darin befindlichen chemischen Bestandteile als Salz. Natürlich brauchen wir eine Sprache, um all diese Identifikationen vorzunehmen – aber was soll's? Die Tatsachen existieren, und zwar völlig sprachunabhängig. Fays hier vorgestellte Argumentation ist ein Fehlschluß: einer, in dem Gebrauch und Erwähnung durcheinandergehen.[16] Ein solcher

15 Ebenda, S. 73.

16 Dieser Fehlschluß besteht darin, daß Merkmale eines Wortes, wenn es erwähnt wird, mit Merkmalen der Sache verwechselt werden, auf die mit dem Wort Bezug genommen wird. Wenn ich sage: »›Berkeley‹ besteht aus acht Buchstaben« und »Berkeley ist eine Stadt in Kalifornien«, dann ist es ein Fehlschluß, wenn daraus gefolgert wird, daß es eine Stadt in Kalifornien gibt, die aus acht Buchstaben besteht. Im ersten Satz wird das Wort erwähnt, im zweiten wird es verwendet, um auf eine Stadt Bezug zu nehmen.

Fehlschluß liegt in der Annahme, die sprachliche und begriffliche Natur der *Tatsachen-Identifikation* erfordere eine sprachliche Natur der *identifizierten Tatsachen* selbst. Tatsachen sind Bedingungen, die Feststellungen wahr machen, sie sind jedoch nicht dasselbe wie ihre sprachlichen Beschreibungen. Wir erfinden Wörter, um Tatsachen zu beschreiben und Dinge zu benennen, aber daraus folgt nicht, daß wir die Tatsachen oder die Dinge erfinden.

Verwandt mit dem perspektivistischen Argument ist ein zweites, das Argument mit der begrifflichen Relativität. Es geht so: All unsere Begriffe sind von uns, von Menschen, gemacht. Die Begriffe, die wir zur Beschreibung der Wirklichkeit haben, haben nichts Unvermeidliches an sich. Wenn man die Relativität unserer Begriffe richtig versteht (so argumentiert der Anti-Realist), dann ergibt sich aus ihr, daß der externe Realismus falsch ist, weil wir außer vermittels unserer Begriffe keinerlei Zugang zur äußeren Wirklichkeit haben. Unterschiedliche Begriffsstrukturen ergeben unterschiedliche Beschreibungen der Wirklichkeit, und diese Beschreibungen sind miteinander unverträglich.

Werde ich beispielsweise relativ zu dem einen Begriffsschema gefragt: »Wie viele Gegenstände gibt es in diesem Zimmer?«, dann zähle ich vielleicht die Möbelstücke in diesem Zimmer. Relativ zu einem anderen Begriffsschema, in dem nicht zwischen einzelnen Elementen einer Klasse von Möbelstücken unterschieden wird, sondern jede solche Klasse als eine einzige Entität behandelt wird, hat die Frage »Wie viele Gegenstände gibt es in diesem Zimmer?« eine andere Antwort. Geben wir unsere Antwort im Rahmen des ersten Begriffsschemas, dann sagen wir: Es sind sieben Gegenstände im Zimmer. Im Rahmen des zweiten Schemas gibt es einen Gegenstand. Wie viele gibt es denn nun wirklich? Der Anti-Realist sagt, daß es auf diese Frage keine Antwort gibt. In dieser Angelegenheit gibt es keine Tatsachen – es sei denn, relativ zu einem Begriffsschema; und deshalb gibt es keine wirkliche Welt – es sei denn, relativ zu einem Begriffsschema.

Was ist von diesem Argument zu halten? Obwohl einige sehr bekannte Philosophen es in verschiedenen Versionen vertreten haben, ist es meines Erachtens – so unangenehm es mir auch ist, dies zu sagen – ein bemerkenswert schwaches Argument. Im Zimmer gibt es wirklich sieben Gegenstände, wenn gemäß dem einen Zähl-System gezählt wird, und es gibt wirklich nur einen Gegenstand, wenn nach dem anderen System gezählt wird. Der wirklichen Welt ist es gleichgültig, welches Zähl-System wir verwenden; aus jedem ergibt sich eine wahre Beschreibung der einen Welt, die anders ausfällt als die Beschreibung gemäß einem anderen Zähl-System. Der Anschein eines Problems rührt ausschließlich daher, daß es anscheinend inkonsistent ist zu sagen: Da ist nur ein Gegenstand, und dennoch sind da sieben Gegenstände. Sobald man jedoch versteht, was es mit diesen Behauptungen auf sich hat, ist jeder Anschein von Inkonsistenz verschwunden. Die beiden Behauptungen sind miteinander verträglich – ja, beide sind sogar wahr. Im täglichen Leben gibt es viele Beispiele dieser Art. Ich wiege 160 (amerikanische Pfund) und ich wiege 72 (Kilogramm). Wieviel wiege ich wirklich? Die Antwort ist, daß sowohl »160« als auch »72« wahr ist – je nachdem, welches Meß-System verwendet wird. In Wirklichkeit gibt es hier überhaupt kein Problem und keine Inkonsistenz.

Ein drittes Argument gegen den externen Realismus ist das wissenschaftsgeschichtliche Argument. Es geht auf Thomas Kuhns Buch *Die Struktur wissenschaftlicher Revolutionen* zurück; allerdings bezweifle ich, daß Kuhn selbst das Argument in dieser Form jemals akzeptiert hätte. Wissenschaftlicher Fortschritt geschieht laut Kuhn nicht durch die stetige Anhäufung von Wissen, sondern vielmehr durch eine Abfolge von Revolutionen, in denen ein Paradigma wissenschaftlichen Arbeitens aufgegeben wird, weil es bestimmte Rätsel nicht lösen kann, und im Zuge einer wissenschaftlichen Revolution wird es durch ein neues Paradigma ersetzt. Man trifft in der Wissenschaft nicht auf ein stetiges Anwachsen des Wissens über die Wirklichkeit an sich, sondern vielmehr auf eine Abfolge verschiedener Diskurse, die jeweils im Rahmen ihres eigenen Paradigmas stattfinden. Die Wissenschaft beschreibt keine unabhängig existierende Wirklichkeit, sondern erzeugt in ihrem Gang fortwährend neue »Wirklichkeiten«. Bruno Latour und Steve Woolgar formulieren es so: »Uns kommt es auf folgendes an: Dadraußenheit [*outthereness*] ist die *Folge* wissenschaftlicher Arbeit, nicht deren *Ursache.*«[17] Wie ich schon sagte, ich bezweifle, daß Kuhn dieses anti-realistische Argument akzeptiert hätte, aber er dachte in der Tat, daß in gewissem Sinn Newton in einer anderen Welt arbeitete als Aristoteles.

Was ist von diesem Argument zu halten? Ich muß noch einmal sagen, daß es mir nicht so vorkommt, als ließe sich aus diesem Argument auch nur der mindeste Zweifel an der allernaivsten Version der Standard-Position gewinnen – d. h. an der Auffassung, daß es eine wirkliche Welt gibt, die völlig unabhängig von uns existiert, und daß es die Aufgabe der Naturwissenschaften ist, uns eine Theorie darüber bereitzustellen, wie die Welt funktioniert. Nehmen wir einmal an, daß Kuhn völlig recht damit hat, daß wissenschaftlicher Fortschritt in einem Hin und Her und gelegentlich mit einem heftigen Ruck stattfindet. Nehmen wir an, daß revolutionäre Theorien sich in das Vokabular früherer Theorien nicht einmal übersetzen lassen, so daß die Streitereien zwischen den Anhängern der verschiedenen Theorien nichts weiter bezeugen als wechselseitiges Unverständnis. Was folgt daraus? Was den externen Realismus angeht, folgt meines Erachtens nichts Interessantes daraus. Das heißt, aus der Tatsache, daß die wissenschaftlichen Bemühungen um eine Erklärung der wirklichen Welt weniger rational und weniger kumulativ sind, als wir dachten, läßt sich keinerlei Zweifel an der Voraussetzung gewinnen, daß es eine wirkliche Welt gibt, die Wissenschaftler zu beschreiben versuchen.

Das vierte Argument gegen den externen Realismus hängt mit dem wissenschaftsgeschichtlichen Argument zusammen;

17 Bruno Latour/Steve Woolgar: *Laboratory Life: The Construction of Scientific Facts*, Princeton ²1986, S. 180-182.

es ist das Argument mit der Unterbestimmtheit der Theorie durch die empirischen Anhaltspunkte. Betrachten wir den Übergang von der Idee, die Erde sei das Zentrum unseres Planetensystems, zu der Idee, daß die Sonne das Zentrum ist, also den Übergang von der geozentrischen zur heliozentrischen Theorie. Wir haben nicht entdeckt, daß das ptolemäische, geozentrische System falsch und das heliozentrische System wahr ist. Vielmehr haben wir das erste aufgegeben, weil das zweite einfacher war und uns in die Lage versetzte, gewisse Phänomene (Sonnenfinsternis, Parallaxe usw.) besser vorherzusagen. Wir haben keine absolute Wahrheit entdeckt; vielmehr haben wir uns aus wesentlich praktischen Gründen eine neue Ausdrucksweise zu eigen gemacht. Denn beide Theorien waren ja durch die empirischen Anhaltspunkte »unterbestimmt«. Wir hätten jede der beiden Theorien akzeptieren können, ohne mit allen verfügbaren Daten in Konflikt zu geraten – die Bereitschaft vorausgesetzt, in der Theorie geeignete Anpassungen vorzunehmen. Die Geschichte derartiger wissenschaftlicher »Entdeckungen« zeigt: Wenn Wahrheit eine Korrespondenzbeziehung zu einer geistunabhängigen Wirklichkeit bezeichnen soll, dann gibt es so etwas wie Wahrheit nicht, denn eine derartige Wirklichkeit existiert nicht und mithin keine Korrespondenzbeziehung.

Ich erwähne dieses Argument und das Beispiel der Kopernikanischen Revolution, weil es schon in meiner Ausbildung zu Beginn meines Philosophiestudiums in den fünfziger Jahren eine große Rolle spielte. Es ist fast ein halbes Jahrhundert älter als die derzeitigen Debatten. Aber es ist immer noch ein schlechtes Argument. Der Übergang von der geozentrischen zur heliozentrischen Theorie zeigt nicht, daß es keine unabhängig existierende Wirklichkeit gibt; im Gegenteil, die ganze Debatte ist uns nur unter der Annahme *verständlich*, daß es solch eine Wirklichkeit *gibt*. Wir verstehen die Debatte und ihre Bedeutsamkeit nur dann, wenn wir annehmen, daß es in ihr um wirkliche Gegenstände – die Erde, die Sonne, die Planeten – geht und um die tatsächlichen Beziehungen zwischen ihnen. Solange wir nicht annehmen, daß es geistunabhängige Gegenstände wie die Erde und die Sonne gibt, verstehen wir nicht einmal, worum es geht, was der Streitpunkt in der Debatte darum ist, ob die erstere sich um die letztere dreht oder die letztere um die erstere. Ja, das mit der Einfachheit und den besseren Vorhersagen ist nur deshalb relevant, weil wir beides für Mittel halten, mit denen wir zur Wahrheit über die wirkliche Welt gelangen. Wer denkt, daß es keine wirkliche Welt gibt, könnte genausogut einfach sagen, was ihm gefällt, sei es aus ästhetischen, sei es aus anderen Gründen. Warum sollten wir dem Einfacheren den Vorzug geben, wenn nicht aus ästhetischen Gründen? Tatsächlich verhält es sich aber so: Wir unterstellen, daß das einfachere System mit größerer Wahrscheinlichkeit den Tatsachen entspricht, weil wir denken, daß mit den unglaublichen Komplikationen der ptolemäischen Astronomie in Wirklichkeit nur Lücken in dieser Theorie gestopft und Widersprüche in ihr übertüncht werden. Verlauf und Ausgang dieser Debatte liefern, bei Lichte betrachtet, Argumente für, nicht gegen, die Existenz der wirklichen Welt – und auch Argumente dafür (und nicht dagegen), daß Wissenschaft eine Abfolge immer erfolgreicherer Bemühungen ist, die Wahrheit über diese Welt festzustellen. Daß später die Relativitätstheorie entwickelt wurde, in der die Annahme eines absoluten Raums, in dem die Sonne und die Planeten existieren, aufgegeben wird, ist eine weitere Illustration dieses Punkts.

Wenn wir zwei Theorien haben, die beide mit den verfügbaren empirischen Anhaltspunkten verträglich sind, und uns dann für die eine und gegen die andere entscheiden, dann machen wir mit dieser Entscheidung eine Behauptung darüber, wie die Welt wirklich, unabhängig von unserer Theoriewahl, ist. Quine hat bekanntlich dargelegt, daß seine Anerkennung der Existenz atomphysikalischer Teilchen genauso eine Stipulation ist, wie auch die Anerkennung der Existenz der homerischen Götter eine Stipulation gewesen ist.[18] Völlig richtig, aber

18 Willard Van Orman Quine, *Von einem logischen Standpunkt. Neun logisch-phi-*

daraus folgt nicht, daß es an uns liegt, ob Elektronen oder ob Zeus und Athene existieren. An uns liegt es, ob wir die Theorie, die *besagt*, daß sie existieren, akzeptieren oder ob wir sie ablehnen. Die Theorie ist wahr bzw. falsch, je nachdem, ob jene Dinge existieren bzw. nicht existieren, unabhängig davon, ob wir die Theorie akzeptieren oder sie ablehnen.

Jeder Leser, der mit der Geschichte der Philosophie vertraut ist, wird sich nun fragen, wann ich endlich eine Antwort auf den Skeptizismus geben werde, denn gewiß kann ich die Behauptungen über die wirkliche Welt nicht machen, solange ich nicht beanspruchen kann, Wissen über die wirkliche Welt zu haben. Die Gültigkeit solcher Wissensansprüche erfordert zunächst einmal eine Antwort auf die skeptischen Zweifel an der bloßen Möglichkeit von Wissen über die wirkliche Welt. Deshalb wende ich mich nun dem Argument zu, das historisch gesehen das Hauptargument gegen die Auffassung ist, daß es eine geistunabhängige Wirklichkeit gibt.

Skeptizismus, Wissen und Wirklichkeit

Das geläufigste und berühmteste Argument, das in der Geschichte der Philosophie gegen die Auffassung vorgebracht wurde, daß es eine unabhängig von uns existierende wirkliche Welt gibt, besagt: Dann wäre die Wirklichkeit unerkennbar. Wir wären, laut diesem Argument, zu der Auffassung gezwungen, daß es eine Welt der Dinge an sich gibt, die für immer jenseits dessen liegt, was wir wissen können. Aber die Annahme, es gebe eine derartige Wirklichkeit, ist zugleich schädlich und leer. Sie ist schädlich, weil sie uns in die skeptizistische Verzweiflung hineintreibt, und leer ist sie, weil sich mit der Hypothese (es gebe eine unabhängig existierende Wirklichkeit) gar nichts anfangen läßt. Laut Berkeley verhält es sich so: Wenn es

losophische Essays, Frankfurt am Main, Berlin, Wien 1979, S. 48-49 (engl.: »Two Dogmas of Empiricism«, in: *From a Logical Point of View*, Cambridge, Mass. 1953).

Materie gibt, können wir niemals Wissen von ihr haben; wenn es sie nicht gibt, bleibt alles, wie es ist.[19]

Wollte man der Geschichte dieses Arguments gerecht werden, müßte man ganze Bücher darüber schreiben; ich möchte mich jedoch kurz fassen. Skeptische Argumente in der Philosophie haben immer dieselbe Form: Selbst wenn man die bestmöglichen Anhaltspunkte zu einem bestimmten Bereich hat, könnte man sich trotzdem grundlegend irren. Man könnte die bestmöglichen Anhaltspunkte über das Verhalten anderer Menschen haben und sich dennoch über ihre Geisteszustände irren. Man könnte die bestmöglichen Anhaltspunkte über die Vergangenheit haben und sich dennoch über die Zukunft irren. Man könnte die bestmöglichen Anhaltspunkte über die eigenen Wahrnehmungserlebnisse haben und sich dennoch über die Außenwelt irren. Denn es könnte ja sein, daß man träumt, halluziniert, ein Hirn im Tank ist oder systematisch von einem bösen Dämon getäuscht wird. Für den Skeptizismus dieses Schlags (wenn auch nicht mit all diesen Beispielen) ist niemand berühmter als Descartes. Radikalere Skeptiker machen den weiteren Schritt: Es ist nicht nur so, daß man *nicht genug* Anhaltspunkte hat; strenggenommen hat man *überhaupt keine Anhaltspunkte*, denn die Anhaltspunkte, die man hat, gehören zu einem anderen Bereich als dem, über den man seine Behauptungen aufstellt. Man hat Anhaltspunkte, die das Verhalten betreffen, aber man macht Behauptungen über das Bewußtsein. Man hat Anhaltspunkte, die die Vergangenheit betreffen, aber man macht Behauptungen über die Zukunft. Man hat Anhaltspunkte, die die eigenen Empfindungen betreffen, aber man macht Behauptungen über materielle Gegenstände. Solch radikale Formen des Skeptizismus finden sich bei David Hume. Das Beispiel, das wir nun genauer betrachten werden, betrifft die Anhaltspunkte, die wir für die Existenz einer wirklichen Welt (oder »der Außenwelt«, wie es manchmal heißt)

19 George Berkeley: *Eine Abhandlung über die Prinzipien der menschlichen Erkenntnis*, Hamburg 1979 (1957), (engl.: *A Treatise Concerning the Principles of Human Knowledge*, Oxford 1998).

haben. Wie könnte einer daran zweifeln, daß er sich ein Buch anschaut, auf einem Stuhl sitzt oder den Regen draußen auf die Bäume fallen sieht? Der erste Schritt des philosophischen Skeptikers besteht darin, daß er auf folgender Frage herumreitet: Was ist denn eigentlich das, was man strenggenommen wahrnimmt, wenn man sich einen Baum anschaut? Die Antwort: Man nimmt keinen unabhängig existierenden materiellen Gegenstand wahr, vielmehr nimmt man die eigene Wahrnehmung – das eigene bewußte Erleben – wahr.

Dem gesunden Menschenverstand zufolge sehen wir tatsächlich Bäume, Häuser und andere Dinge dieser Art. Angeblich ist diese Auffassung leicht zu widerlegen. Die beiden berühmtesten Widerlegungen sind das Argument mit der Wissenschaft und das Argument mit der Sinnestäuschung. Aufgrund des Prestiges, das die Naturwissenschaften haben, war das Argument mit der Wissenschaft im 20. Jahrhundert das attraktivere. Es geht so:

Wissenschaftlich betrachtet geschieht folgendes, wenn jemand einen Baum sieht: Von der Oberfläche des Baums werden Photonen reflektiert; sie prallen auf die Photorezeptor-Zellen der Netzhaut und lösen Salven neuronalen Feuerns aus; das neuronale Feuern geht durch die fünf Zellschichten der Netzhaut, durch das Corpus geniculatum laterale hindurch bis hinein in den visuellen Cortex; an irgendeinem Punkt tief im Innern des Gehirns verursacht dieses neuronale Feuern schließlich ein visuelles Erlebnis. Was wir buchstäblich direkt sehen, das ist nichts anderes als das visuelle Erlebnis in unserm Gehirn. Man hat verschiedene Bezeichnungen dafür: »Sinnesdatum«, »Perzept« und neuerdings »symbolische Beschreibung«, aber die Grundidee ist: Was der Wahrnehmende tatsächlich sieht, das ist nicht die wirkliche Welt.[20]

Diese Argumentation scheint mir ein Fehlschluß zu sein. Daraus, daß sich eine Kausalerklärung dessen geben läßt, wie es dazu kommt, daß ich die wirkliche Welt sehe, folgt nicht,

20 Francis Crick, *The Astonishing Hypothesis*, New York 1994, S. 32-33.

daß ich die wirkliche Welt nicht sehe. Es handelt sich dabei um eine Spielart des Fehlschlusses mit der Entstehung. Daran, daß sich eine Kausalerklärung dafür geben läßt, warum ich glaube, daß zwei plus zwei vier ist (Miss Masters, meine Lehrerin in der ersten Klasse, hat mich entsprechend abgerichtet), zeigt sich nicht, daß zwei plus zwei ungleich vier ist. Und daran, daß sich eine Kausalerklärung dafür geben läßt, wie es dazu kommt, daß ich den Baum sehe (Photonen treffen auf meine Netzhaut und lösen ein neuronales Feuern aus, das schließlich ein visuelles Erlebnis bewirkt), zeigt sich nicht, daß ich den Baum nicht sehe. Zwischen den beiden Behauptungen »Ich nehme den Baum direkt wahr« und »Es gibt eine Abfolge physikalischer und neurobiologischer Ereignisse, die schließlich in mir das Erlebnis hervorbringen, das ich als ›den Baum sehen‹ beschreibe« gibt es keine Unverträglichkeit.

Das zweite Argument ist das mit der Sinnestäuschung. Es gibt viele verschiedene Versionen dieses Arguments, auf die ich nicht alle eingehen werde, aber ihnen allen ist dies gemeinsam: Dem naiven Wahrnehmungsrealisten (also jemandem, der meint, daß wir Gegenstände und Sachverhalte in der Welt direkt wahrnehmen) bereitet es unüberwindliche Schwierigkeiten, daß es keine Möglichkeit gibt, den Fall, in dem ich wirklich Gegenstände und Sachverhalte in der Welt sehe (der sogenannte »veridische« Fall), von dem Fall zu unterscheiden, in dem ich eine Sinnestäuschung, Halluzination oder etwas sonstiges dieser Art habe. Folglich ist der Wahrnehmungsrealismus falsch. Die einfachste Version dieses Arguments, die ich kenne, finde ich bei Hume. Er hielt den naiven Wahrnehmungsrealismus für so leicht widerlegbar, daß er ihn mit wenigen Sätzen abfertigte. Wer jemals die Verlockung verspürt zu denken, er nehme die wirkliche Welt direkt wahr, solle einfach auf eines seiner Augen drücken, bis er alles doppelt sieht. Wer annimmt, er sehe die wirkliche Welt, müßte dann sagen, daß sie doppelt vorhanden ist.[21] Wenn demnach der naive Realist recht

21 David Hume, *Ein Traktat über die menschliche Natur, Buch I: Über den Verstand*, Hamburg 1989, S. 278 (engl.: *A Treatise of Human Nature*, Oxford 1888).

hätte und ich die wirkliche Welt sähe, dann müßte ich – wenn ich doppelt sehe – zwei Welten sehen. Aber offenkundig sehe ich nicht zwei Welten. Vor mir stehen keine zwei Tische, auch wenn ich so auf eines meiner Augen drücke, daß ich zwei visuelle Erlebnisse habe.

Vom Argument mit der Sinnestäuschung gibt es eine Reihe von Varianten. Viele davon hat J. L. Austin in seinem Klassiker *Sinn und Sinneserfahrung* wirkungsvoll attackiert.[22] Ich werde jetzt nicht auf alle Einzelheiten eingehen, sondern mich damit bescheiden, die allgemeine Form der Argumentation anzugeben und dann zu sagen, weshalb es sich bei ihr um einen Fehlschluß handelt.

Das Argument mit der Sinnestäuschung hat folgende allgemeine Form: Hätte der naive Wahrnehmungsrealist recht und es gäbe wirklich Fälle, in denen wir Gegenstände und Sachverhalte in der Welt direkt wahrnehmen, dann sollte es in den Fällen, in denen wir Gegenstände und Sachverhalte in der Welt so wahrnehmen, wie sie wirklich sind, und in den Fällen, in denen wir das nicht tun, einen Unterschied im Hinblick auf den qualitativen Charakter des jeweiligen Erlebnisses geben. Da jedoch die beiden Erlebnisse qualitativ ununterscheidbar sind, sollte die Analyse des einen Falls auch auf den andern anwendbar sein, und da wir im sogenannten nicht-veridischen Fall die wirkliche Welt nicht (oder nicht so, wie sie wirklich ist) sehen, müssen wir auch im Hinblick auf den sogenannten veridischen Fall sagen, daß wir die wirkliche Welt nicht sehen – oder jedenfalls nicht so, wie sie wirklich ist.

Nun, sobald das Argument in dieser Form offen zutage liegt, ist ersichtlich, daß seine Grundstruktur einen Fehlschluß enthält. Es stimmt einfach nicht, daß ich nur dann den Gegenstand vor mir sehen kann, wenn mein Wahrnehmungserlebnis selbst ein inneres Merkmal besitzt, das ausreicht, um »veridisches« Erleben von einem Halluzinieren des Gegenstands zu unterscheiden. Der Witz des Beispiels mit der Halluzination

22 John L. Austin: *Sinn und Sinneserfahrung*, Stuttgart 1975 (engl: *Sense and Sensibilia*, Oxford 1962).

ist es ja wohl, daß es im Erlebnis selbst – im tatsächlichen qualitativen Charakter des Erlebnisses – nichts gibt, das die Halluzinationsfälle von den sogenannten veridischen Fällen unterscheidet. Aber warum sollte es so etwas geben? Da das visuelle Erlebnis durch neuronale Aktivitäten verursacht wird, die an den Sinnesrezeptoren beginnen und irgendwo im Gehirn enden, ist es doch zumindest denkbar, daß es gleichwertige neuronale Aktivitäten mit einem gleichwertigen visuellen Erlebnis-Resultat gibt, obwohl tatsächlich kein Gegenstand da ist, der gesehen wird. Wenn das richtig ist, dann lassen sich die Fälle, in denen ich tatsächlich einen Gegenstand sehe, nicht allein aufgrund eines einzelnen Erlebnisses im Gehirn von den Fällen unterscheiden, in denen ich den Gegenstand nicht sehe. Doch warum sollte ein einzelnes Erlebnis alles sein, was mir dabei zur Verfügung steht? Im Normalfall setze ich als selbstverständlich voraus, daß ich eine Person mit einem Körper bin und mich mit der Welt um mich herum auf mannigfache Weisen in Kontakt befinde. Den Sinn, den jedes einzelne Erlebnis für mich hat, hat es dadurch, daß es zu einem Netzwerk anderer Erlebnisse gehört und vor einem Hintergrund von als selbstverständlich vorausgesetzten Fähigkeiten stattfindet, die ich habe, um mit der Welt zurechtzukommen. Wenn das richtig ist, dann reicht das einzelne, allein für sich genommene Erlebnis nicht aus, um zwischen »veridischer« Wahrnehmung und Halluzination zu unterscheiden. Aber nochmals: Warum sollte es auch? Das heißt: Die Grundstruktur des Arguments mit der Sinnestäuschung beruht auf einer ersten Prämisse, die falsch ist; sie lautet: Für die Annahme, daß ich manchmal wirkliche Gegenstände in der wirklichen Welt sehe, ist es erforderlich, daß sich meine »veridischen« und meine »nichtveridischen« Wahrnehmungserlebnisse hinsichtlich ihres qualitativen Charakters unterscheiden. Die Argumentation hat mithin keinerlei Beweiskraft, denn ihre erste Prämisse ist falsch.

Sobald wir die Idee aufgeben, wir nähmen niemals etwas anderes als unsere eigenen Wahrnehmungen wahr, haben wir keine epistemische Basis mehr, um den externen Realismus zu bestreiten.

Gibt es für den externen Realismus irgendeine Rechtfertigung?

Bis jetzt habe ich Angriffe auf den externen Realismus beantwortet, aber läßt er sich auch eigenständig rechtfertigen? Ich glaube nicht, daß es irgendeinen Sinn hat, nach einer Rechtfertigung für die Auffassung zu fragen, daß die Dinge in der Welt unabhängig von unseren Repräsentationen so sind, wie sie sind; denn jeder Versuch einer derartigen Rechtfertigung setzt das, wofür eine Rechtfertigung gegeben werden soll, voraus. Jeder Versuch, überhaupt etwas über die wirkliche Welt herauszufinden, setzt voraus, daß es ein So-und-so-Sein der Dinge gibt. Aus diesem Grund ist es falsch, den externen Realismus als die Auffassung darzustellen, daß es materielle Gegenstände in Raum und Zeit gibt oder Berge und Moleküle und so weiter. Angenommen, es gäbe keine Berge und Moleküle und keine materiellen Gegenstände in Raum und Zeit. Dies wären dann Tatsachen, die es damit zu tun haben, wie die Welt ist, und mithin setzten sie den externen Realismus voraus. Das heißt, die Verneinung dieser oder jener Behauptung über die wirkliche Welt setzt voraus, daß es ein So-und-so-Sein der Dinge unabhängig von dem, was wir behaupten, gibt.

Ich habe so gesprochen, als ob es bei diesen Themen, die den Idealismus, Realismus usw. betreffen, um Debatten und Argumentationen über konkurrierende Theorien ginge. In der Geschichte der Philosophie sieht das auch sicherlich so aus, aber meines Erachtens ist das eine falsche Betrachtungsweise dessen, worum es geht. In Wirklichkeit verhält es sich, so denke ich, auf einer viel tieferen Ebene so: Der externe Realismus ist keine Theorie. Es ist nicht eine meiner *Meinungen*, daß da draußen eine Welt ist. Dies ist vielmehr der Rahmen, der dafür nötig ist, daß es überhaupt nur möglich ist, Meinungen und

Theorien über solche Sachen wie Planetenbewegungen zu haben. Wer über die Vorzüge einer Theorie (wie z. B. der heliozentrischen Theorie über das Sonnensystem) diskutiert, muß als gegeben voraussetzen, daß es ein wirkliches So-und-so-Sein der Dinge gibt. Sonst kann die Debatte gar nicht in Gang kommen; die Termini selbst sind ohne diese Voraussetzung unverständlich. Aber diese Annahme (daß es ein von unseren Repräsentationen unabhängiges So-und-so-Sein der Dinge gibt) ist nichts anderes als der externe Realismus. Der externe Realismus ist keine Behauptung des Inhalts, daß dieser oder jener Gegenstand existiert, vielmehr ist er eine Voraussetzung, in der es darum geht, wie wir derartige Behauptungen verstehen. Aus diesem Grund scheinen die »Debatten« auch niemals ein zwingendes Ergebnis zu haben. Der Streit um die Darwinsche Evolutionstheorie läßt sich zu einem mehr oder weniger zwingenden Ergebnis führen, nicht aber der Streit um die Existenz der wirklichen Welt, denn jede derartige Entscheidung über diesen Streitpunkt setzt die Existenz der wirklichen Welt voraus. Das heißt nicht, daß der externe Realismus eine unbeweisbare Theorie ist; vielmehr heißt es: Der Realismus ist überhaupt keine Theorie, sondern der Rahmen, dessen es bedarf, um überhaupt Theorien haben zu können.

Ich glaube nicht, daß die verschiedentlichen Angriffe auf den Realismus durch die Argumente motiviert sind, die de facto vorgebracht wurden. Ich glaube, sie sind durch etwas viel Tieferreichendes und weniger Intellektuelles motiviert. Viele Menschen verspüren, wie ich schon einmal anklingen ließ, ein Mißfallen daran, daß wir mit unserer Sprache, unserem Bewußtsein und unserer Schöpferkraft einer stumpfen, blöden, trägen materiellen Welt unterworfen sein sollten und uns nach ihr richten müssen. Warum sollten wir uns nach der Welt richten? Warum sollten wir uns nicht »die wirkliche Welt« als etwas denken, das wir erschaffen und das sich mithin nach uns richten muß? Wenn die gesamte Wirklichkeit eine »soziale Konstruktion« ist, dann sind wir es, die das Sagen haben, nicht die Welt. Nicht dieses oder jenes Argument bildet letztlich das

Motiv dafür, den Realismus abzulehnen, sondern ein Wille zur Macht, eine Sehnsucht, die Dinge unter Kontrolle zu haben, und ein tiefreichendes, langanhaltendes Ressentiment. Dieses Ressentiment hat eine lange Geschichte, und zum Ende des zwanzigsten Jahrhunderts kam zu ihm noch ein Haß auf die Naturwissenschaften hinzu. Die Wissenschaft – mit ihrem Prestige, ihrem offenbaren Fortschritt, ihrer Macht, ihrem Geld und ihrem enormen Potential, Leid zu verursachen – ist zu einer Zielscheibe des Hasses und des Ressentiments geworden. Das Werk von Denkern wie Kuhn und Feyerabend dient als Wasser auf diese Mühlen, denn darin wird, so scheint es, die Wissenschaft als leeres Zeug entlarvt oder jedenfalls entmythologisiert. Kuhn und Feyerabend haben angeblich gezeigt, daß wir durch die Wissenschaft nicht zu objektivem Wissen über eine unabhängige Wirklichkeit gelangen, daß die Wissenschaft vielmehr eine Abfolge mehr oder weniger irrationaler verbaler Konstrukte (»Paradigmen«) ist, in deren Rahmen Wissenschaftler damit beschäftigt sind, »Rätsel zu lösen«, bis dann die Widersprüche und Unverträglichkeiten innerhalb des Paradigmas zu dessen Preisgabe führen und die Wissenschaftler sich eiligst auf ein neues Paradigma stürzen und wieder von vorne anfangen. Kurz, das Bild von den Naturwissenschaften als Quellen, aus denen wir objektives Wissen über eine unabhängig existierende Wirklichkeit schöpfen – ein Bild, das in den Naturwissenschaften als selbstverständlich vorausgesetzt wird, wie jeder bestätigen kann, der irgendeine naturwissenschaftliche Ausbildung hat –, wird heutzutage heftig angefeindet. Wird erst einmal gesagt, daß die Wissenschaft uns kein objektives Wissen über die Wirklichkeit liefert, dann ist es der nächste Schritt zu sagen, daß es solch eine Wirklichkeit nicht gibt. Es gibt nur soziale Konstrukte.

Ich möchte einen Punkt nochmals hervorheben: Wenn ich behaupte, daß der Anti-Realismus durch einen Willen zur Macht im allgemeinen und einen Wissenschaftshaß im besonderen motiviert ist, dann meine ich dies als Diagnose, nicht als Widerlegung. Meinte ich es als Widerlegung, würde ich damit den Fehlschluß mit der Herkunft begehen, d. h. ich würde unterstellen, daß die Darlegung des kausalen Ursprungs einer Auffassung für den Aufweis ihrer Falschheit ausreicht.

Jenseits des Atheismus

Die endgültige Wirklichkeit, um mich einer eher feierlichen Ausdrucksweise zu bedienen, ist die Wirklichkeit, die in der Chemie und der Physik beschrieben wird. Es ist die Wirklichkeit einer Welt, die aus Entitäten besteht, die wir der Bequemlichkeit halber – wenn auch nicht ganz zutreffend – als »Teilchen« bezeichnen, die in Kraftfeldern existieren. Diese Auffassung selbst ist nicht der Realismus, sie ist vielmehr eine These darüber, was sich, gegeben den realistischen Hintergrund, über die Welt herausgestellt hat. Der Realismus ist eine Hintergrund-Voraussetzung, die besagt: Es gibt ein So-und-so-Sein der Dinge. Die Physik ist eine Disziplin, die Theorien umfaßt. Die Theorien besagen: Die Dinge sind so und so. Anti-Realisten, die die Hintergrund-Voraussetzung angreifen, greifen damit nicht so sehr die Theorie an, sondern deren Status. Weil es kein von uns unabhängiges So-und-so-Sein der Dinge gibt, kann uns die Physik auch nicht sagen, wie sie sind. Die Physik ist bloß ein soziales Konstrukt unter andern.

Aber was ist mit Gott, wird mancher nun sicherlich wissen wollen. Wenn Gott existiert, dann ist sicherlich er die endgültige Wirklichkeit, und die Physik und alles übrige hängen von Gott ab – und zwar nicht nur, was ihre ursprüngliche Erschaffung angeht, sondern auch im Hinblick auf ihr Fortdauern.

Früher hätte ein Buch wie dieses zur traditionellen Religion Stellung beziehen müssen, entweder mit einer atheistischen Attacke oder mit einer theistischen Verteidigung. Zuallermindest hätte der Verfasser einen umsichtigen Agnostizismus verkünden müssen. Zwei mir in mancher Hinsicht geistesverwandte Autoren, nämlich John Stuart Mill und Bertrand Russell, haben polemische und eloquente Attacken gegen die traditionelle Religion vorgetragen. Heutzutage schert sich niemand darum, und es bezeugt einen gewissen Mangel an gutem Geschmack, überhaupt nur die Frage nach der Existenz Gottes aufzuwerfen. Mit den religiösen Dingen ist es wie mit den sexuellen Vorlieben: Man erörtert sie nicht in der Öffentlichkeit, und selbst die abstrakten Fragen werden nur von Langweilern erörtert.

Wie ist es dazu gekommen? Ich denke, die meisten neigen zu der Annahme, daß der religiöse Glaube in den gebildeteren Teilen der Bevölkerung Westeuropas und Nordamerikas einen Niedergang erlebt hat. Vielleicht stimmt das, aber mir scheint der religiöse *Drang* so stark zu sein wie eh und je; und er nimmt merkwürdige Formen aller Art an. Ich glaube, daß etwas sehr viel Einschneidenderes stattgefunden hat als ein Niedergang des religiösen Glaubens. Für uns – für die Gebildeten in der Gesellschaft – ist die Welt geheimnislos geworden. Oder, um dies genauer zu sagen: Für uns sind die Geheimnisse, auf die wir in der Welt stoßen, nicht mehr der Ausdruck einer übernatürlichen Bedeutung. Seltsame Geschehnisse halten wir nicht mehr für Fälle, in denen Gott Sprechakte in der Sprache der Wunder vollzieht. Seltsame Geschehnisse sind einfach Geschehnisse, die wir nicht verstehen. Das Ergebnis dieser Demystifikation ist: Wir sind über den Atheismus hinausgelangt, zu einem Punkt, an dem das Thema nicht mehr die Rolle spielt, die es für frühere Generationen gespielt hat. Sollte es sich herausstellen, daß Gott existiert, dann müßte dies für uns eine Tatsache wie jede andere sein. Zu den vier Elementarkräften im Universum – Gravitation, Elektromagnetismus, starke und schwache Atomkraft – würden wir eine fünfte hinzunehmen, die göttliche Kraft. Oder, was wahrscheinlicher ist, wir würden die anderen Kräfte als Formen der göttlichen Kraft betrachten. Aber dennoch: Alles wäre Physik, wenn auch göttliche Physik. Wenn das Übernatürliche existierte, müßte es ebenfalls natürlich sein.

Einige Beispiele illustrieren, wie sich unser Standpunkt verändert hat. Als ich Gastprofessor an der Universität in Venedig war, machte ich öfter einen Spaziergang zu einer reizenden gotischen Kirche, es war die Kirche der Madonna del'Orto. Ursprünglich hatte die Kirche San Christofero heißen sollen, aber während der Bauarbeiten wurde im angrenzenden Obstgarten eine Madonnenstatue gefunden, und man nahm an, daß sie vom Himmel gefallen sei. Eine Madonnenstatue, die vom Himmel in den Obstgarten genau des Kirchengrundstücks fällt, war Wunder genug, um der Kirche einen anderen Namen zu geben: Madonna des Obstgartens. Mit der Geschichte will ich auf folgendes hinaus: Fände man heute eine Madonnenstatue bei einer Baustelle, würde niemand sagen, sie sei aus dem Himmel dorthin gefallen. Selbst wenn die Statue in den Gärten des Vatikans entdeckt würde, würden die kirchlichen Stellen nicht behaupten, sie sei aus dem Himmel gefallen. Uns ist dieser Gedanke nicht möglich, weil wir gewissermaßen zuviel wissen.

Noch ein Beispiel, ebenfalls aus Italien. Als ich an der Universität von Florenz lehrte, war San Miniato meine Pfarrkirche, wenn ich mich so ausdrücken darf. Sie liegt auf einem Hügel oberhalb der Stadt und ist eines der erregendsten Gebäude in ganz Florenz. Warum heißt sie so? Nun, anscheinend war San Miniato einer der ersten christlichen Märtyrer in der Geschichte der Stadt. Er wurde zur Zeit des Kaisers Decius, um das Jahr 250 herum, von den römischen Machthabern hingerichtet. Die Löwen in der Arena überlebte er, aber dann wurde ihm der Kopf abgeschlagen. Nach der Enthauptung stand er auf, nahm seinen Kopf unter den Arm und marschierte aus der Arena, über den Fluß und hinaus aus der Stadt. Er stieg auf den Hügel auf der Südseite des Arno, trug weiterhin seinen Kopf bei sich, und als er oben angelangt war, setzte er sich hin. An dieser Stelle steht jetzt die Kirche. In den meisten Reiseführern von heute ist diese Geschichte nicht zu lesen, und wo sie doch berichtet wird, geschieht dies eher verschämt. Worauf es mir ankommt, ist nicht, daß wir diese Geschichte für falsch halten, sondern daß wir sie nicht einmal als bloße Möglichkeit ernst nehmen.

Einen weiteren Hinweis aus neuerer Zeit auf die Demystifikation der Welt liefert die Untersuchung des Turiner Leichentuchs. Das Wunder-Tuch mit dem Abbild Christi, das vom Leichnam des Gekreuzigten stammt, wurde von den kirchlichen Stellen einem Radioaktivitätstest unterzogen, der ergab, daß es nur siebenhundert Jahre alt ist. Später ergaben sich Hinweise, die auf ein höheres Alter deuteten, und die exakte Datierung mag immer noch zweifelhaft sein. Aber – und darauf kommt es mir an – warum unterstellen wir, daß den Untersuchungen mehr Glauben zu schenken ist als dem Wunder? Warum sollte ein Wunder Gottes sich vor Kohlenstoff 14 ausweisen müssen?

Daß die Welt bis hin zu dem Punkt geheimnislos geworden ist, an dem Religion in der Öffentlichkeit nicht mehr die einstige Rolle spielt, zeigt nicht so sehr, daß wir alle zu Atheisten werden, sondern daß wir über den Atheismus hinaus an einen Punkt gelangt sind, an dem die Themen für uns eine andere Bedeutung haben.

Der ungeduldige Leser mag sich nun vielleicht fragen, wann ich endlich zur Existenz Gottes Stellung beziehe. Die beste Bemerkung zu dieser Frage hat, so denke ich, Bertrand Russell bei einem Abendessen gemacht, an dem ich als junger Student teilnahm. Da diese kleine Geschichte zur Legende geworden ist und weil bei anderer Gelegenheit, als ich nicht dabei war, etwas Ähnliches geschah, möchte ich dem Leser berichten, was sich meiner Erinnerung nach tatsächlich abgespielt hat. Die Voltaire-Gesellschaft der Universität in Oxford, eine Gruppe dortiger Studenten der unteren Semester mit intellektuellen Neigungen, veranstaltete in regelmäßigen Abständen, etwa alle zwei Jahre, ein Bankett mit Bertrand Russell – er war der offizielle Schirmherr der Voltaire-Gesellschaft. Bei der Gelegenheit, von der ich berichte, fuhren wir alle nach London und hatten ein gemeinsames Abendessen mit Russell in einem Restaurant. Er war damals Mitte Achtzig und galt als berühmter Atheist. Vielen von uns lag die Frage auf dem Herzen, was sich Russell im Hinblick auf Unsterblichkeit erwartete, und so haben wir ihn damals Folgendes gefragt: Angenommen, in punkto Existenz Gottes befinden Sie sich im Irrtum. Angenommen, die ganze Geschichte wäre wahr und Sie würden vor der Himmelstüre stehen, um von Petrus eingelassen zu werden. Nachdem Sie Ihr ganzes Leben lang Gottes Existenz geleugnet haben, was würden Sie ihm sagen? Russells Antwort kam ohne das geringste Zögern: »Nun, ich würde zu ihm gehen und sagen: ›Du hast uns nicht genug Hinweise gegeben!‹«

2
Unser Platz im Universum: Der Geist als ein biologisches Phänomen

Drei Merkmale des Bewußtseins

Im vorigen Kapitel ging es uns vornehmlich darum, daß es ein *So-und-so-Sein der Dinge* in der Welt gibt, das von unseren Repräsentationen dessen, wie die Dinge sind, unabhängig ist. Diese Auffassung, die ich »externen Realismus« genannt habe, darf man nicht für ein Theorie oder für eine Meinung halten. Vielmehr ist sie eine Hintergrund-Voraussetzung, etwas, das wir als gegeben voraussetzen, wenn wir absichtliche Handlungen vielerlei Art vollziehen – wenn wir zum Beispiel essen, spazierengehen oder ein Auto steuern. Sie wird von uns auch in vielen Bereichen des Miteinanderredens vorausgesetzt – jedenfalls immer dann, wenn es dabei um Gegenstände und Sachverhalte in der von uns unabhängigen Welt geht oder gehen soll, immer dann, wenn wir Erklärungen, Feststellungen, Beschreibungen, Befehle, Bitten, Versprechen usw. machen, in denen es um Merkmale der wirklichen Welt geht.

Erst gegen Ende des ersten Kapitels haben wir uns der Frage zugewandt, *wie die Dinge* in der Welt *wirklich sind*. Sobald wir diese Fragen erörtern, beschäftigen wir uns nicht länger mit philosophischer Analyse, sondern wir erörtern dann einige Ergebnisse der modernen Wissenschaft. Sobald wir überhaupt irgend etwas darüber wissen, wie die Welt funktioniert, sind zwei Sätze der modernen Wissenschaft zu nennen, die eine besondere Verbindlichkeit besitzen. Man kann sie nicht nach Belieben akzeptieren oder ablehnen. Zwar könnte sich letzten Endes herausstellen, daß sie falsch sind, aber angesichts der überwältigenden Menge an Daten, die für sie sprechen, stehen sie an der Jahrtausendwende bei den Gebildeten unserer Zivilisation nicht ernsthaft zur Debatte. Es sind dies die Atomtheorie der Materie und die Evolutionstheorie der Biologie.

Auf der Grundlage dieser Theorien können wir folgendes sagen: Das Universum besteht zur Gänze aus Entitäten, die wir der Bequemlichkeit halber – wenn auch nicht ganz zutreffend – als »Teilchen« in Kraftfeldern bezeichnen. Diese Teilchen sind oft zu Systemen organisiert. Die Grenzen eines Systems sind durch seine Kausalbeziehungen bestimmt. Beispiele für Teilchen-Systeme sind Berge, Gletscher, Bäume, Galaxien, Tiere und Moleküle. Einige darunter sind kohlenstoffbasierte organische Systeme, und unter diesen wiederum befinden sich heute Organismen, die zu Arten gehören, die sich über lange Zeit hinweg evolutionär herausgebildet haben. Die Thematik dieses Buchs hat ab dem Punkt etwas damit zu tun, was uns die Physik, Chemie und Biologie zu erzählen haben, ab dem sich bei einigen Typen organischer Systeme Nervensysteme herausgebildet haben. Aus diesen wiederum entstanden diejenigen Nervensysteme, die wir als »Geist« bezeichnen: als menschlichen und tierischen Geist. Der Begriff des Geists oder eines Geists ist ein wenig wirr und nicht sonderlich glücklich, aber wie T. S. Eliot einmal sagte: »Ich muß Wörter verwenden, wenn ich mit dir rede.« Zu dem Wort »Geist« gibt es keine rechte Alternative im Deutschen, aber ich werde einige andere Ausdrücke vorschlagen, die sich hoffentlich als nützlicher erweisen werden.

Das primäre und wesentlichste Merkmal des Geists (oder eines mit einem Geist begabten Lebewesens) ist Bewußtsein. Unter »Bewußtsein« verstehe ich diejenigen Zustände der Sinnesempfindung oder des Gewahrseins, die typischerweise einsetzen, wenn wir am Morgen aus einem traumlosen Schlaf erwachen, und die den ganzen Tag über da sind, bis wir wieder einschlafen. Bewußtsein kann auch anders als durch den Schlaf aussetzen: wenn man stirbt, in ein Koma fällt oder auf andere Art »bewußtlos« wird. Bewußtsein hat sehr viele Formen und Spielarten. Die wesentlichen Merkmale von Bewußtsein, in all seinen Formen, liegen in seiner inneren, qualitativen und subjektiven Natur – und zwar in einem besonderen Sinn dieser Worte, den ich gleich erläutern werde.

Doch erinnern wir uns zunächst erst einmal an die enorme Vielfalt unseres bewußten Erlebens. Denken wir beispielsweise daran, welche Unterschiede zwischen den folgenden Erlebnissen stehen: eine Rose riechen, Wein schmecken, Schmerzen im Rücken haben, sich plötzlich an einen Herbsttag vor zehn Jahren erinnern, ein Buch lesen, über ein philosophisches Problem nachdenken, sich Sorgen wegen der Einkommenssteuer machen, mitten in der Nacht mit einer unbestimmten Unruhe wach werden, plötzlich darüber wütend werden, daß die anderen Fahrer auf der Autobahn so miserabel fahren, von sexueller Begierde überwältigt werden, angesichts exquisit zubereiteter Speisen stechenden Hunger verspüren, woanders sein wollen und sich beim Schlangestehen langweilen. All dies sind Formen von Bewußtsein, und obgleich sie eigens dazu ausgesucht wurden, dessen Vielfältigkeit zu illustrieren, geben sie nicht einmal im Ansatz einen vollständigen Eindruck davon, wie reich an Formen bewußtes Erleben tatsächlich ist. Solange wir wach sind (und auch im Schlaf: solange wir träumen) befinden wir uns in einem Bewußtseinszustand oder in mehreren, und die Bewußtseinszustände haben die gesamte Vielfalt, die das Leben im Wachzustand hat.

Doch bei all dieser bunten Vielfalt gibt es drei Merkmale, die allen Bewußtseinszuständen gemeinsam sind: Sie sind innere, qualitative und subjektive Zustände in einem jeweils besonderen Sinn dieser Wörter. Betrachten wir diese Merkmale der Reihe nach. Bewußtseinszustände und -prozesse sind in einem ganz gewöhnlichen räumlichen Sinn innere Zustände: Sie sind in meinem Körper, genauer: in meinem Gehirn. Bewußtsein kann sich genausowenig abgetrennt außerhalb meines Gehirns befinden, wie sich das Flüssigsein von Wasser vom Wasser oder das Festsein des Tischs vom Tisch abtrennen läßt. Bewußtsein tritt mit Notwendigkeit im Innern eines Organismus oder sonstigen Systems auf. Bewußtseinszustände sind auch noch in einem anderen Sinn innere Zustände: Sie existieren nur als Glieder einer Folge solcher Zustände. Man hat einen Bewußtseinszustand wie einen Schmerz oder einen Gedanken nur als einen Teil des bewußt gelebten Lebens, und nur in Beziehung zu anderen Zuständen dieser Art ist ein Bewußtseinszustand der Zustand, der er ist. So ist beispielsweise mein Gedanke an ein Skirennen, an dem ich vor langer Zeit teilgenommen habe, nur dadurch genau dieser Gedanke, daß er in einem komplexen Netz anderer Gedanken, Erlebnisse und Erinnerungen seine Position innehat. Meine Geisteszustände stehen in dem Sinne in einer inneren Beziehung zueinander, daß für jeden von ihnen gilt: Um dieser Zustand mit diesem Charakter zu sein, muß er in bestimmter Beziehung zu anderen Zuständen stehen, und genauso muß das gesamte Zustandssystem in bestimmter Beziehung zur wirklichen Welt stehen. Wenn ich mich also wirklich an meine Teilnahme an jenem Skirennen erinnere, dann muß ich tatsächlich an dem Rennen teilgenommen haben, und dies muß die Ursache meiner jetzigen Erinnerung sein. Mithin gehört es zur Ontologie meiner Bewußtseinszustände – also dazu, daß sie als solche existieren –, daß sie einer Abfolge komplexer Bewußtseinszustände angehören, die mein bewußt gelebtes Leben ausmachen.

Bewußtseinszustände sind in dem Sinne *qualitativ*, daß es so-und-so ist, sie zu haben, d. h. ihnen ist ein bestimmter qualitativer Charakter zu eigen. Thomas Nagel hat dies vor Jahren so formuliert: Zu jedem Bewußtseinszustand gibt es das Wie-es-ist-in-diesem-Bewußtseinszustand-zu-sein.[23] Das Wie-es-ist-Rotwein-zu-trinken unterscheidet sich erheblich vom Wie-es-ist-Musik-anzuhören. Ein Wie-es-ist-ein-Haus-(oder ein Baum)-zu-sein gibt es in diesem Sinne nicht, weil Bäume und Häuser nicht zu den Entitäten gehören, die Bewußtsein haben.

Schließlich – und dies ist für unsere Überlegungen das Wichtigste – sind Bewußtseinszustände *subjektiv* in dem Sinne, daß sie immer von einem menschlichen oder tierischen Subjekt erlebt werden. Bewußtseinszustände haben mithin

23 Thomas Nagel, »Wie ist es, eine Fledermaus zu sein?« In: Peter Bieri (Hrsg.), *Analytische Philosophie des Geistes*, Königstein/Ts. 1981, S. 261-275 (engl.: »What It Is Like to Be a Bat«, in: *Mortal Questions*, Cambridge 1979, S. 165-180).

eine, wie wir sagen können, »Erste-Person-Ontologie«. D. h., sie existieren nur vom Standpunkt einer Person, eines Organismus, eines Tiers oder eines Ichs, das sie hat. Ein Schmerz existiert nur insofern, als er von jemandem – d. h. einem »Subjekt« – erlebt wird. Objektive Entitäten wie z. B. Berge haben einen Existenz-Modus der dritten Person. Ihre Existenz hängt nicht davon ab, daß sie von einem Subjekt erlebt werden.

Aus der Subjektivität der Bewußtseinszustände ergibt sich als eine erste Folge, daß meine Bewußtseinszustände mir in einer Weise zugänglich sind, in der sie jemandem anders nicht zugänglich sind. Ich habe in einer Weise Zugang zu meinen Schmerzen, in der der Leser nicht Zugang zu ihnen hat; aber Sie, der Leser, haben in einer Weise Zugang zu Ihren Schmerzen, in der ich nicht Zugang zu ihnen habe. Mit Zugang meine ich damit nicht einfach epistemischen Zugang. Es ist nicht nur so, daß ich meine Schmerzen besser kennen kann als Ihre Schmerzen. Im Gegenteil, bei manchen Gefühlen – bei Neid oder Eifersucht z. B. – ist es so, daß andere Menschen häufig besser in der Lage sind zu wissen, daß einer das betreffende Gefühl hat, als der, der es gerade hat. Für viele Zustände dieser Art gilt: Wir kennen die Gefühle anderer Menschen besser als unsere eigenen. Der Sinn, in dem ich einen anderen Zugang zu meinen Zuständen habe als zu denen anderer Menschen, ist kein vornehmlich epistemischer. Obgleich Subjektivität epistemische Konsequenzen hat, geht es nicht bloß darum, wie ich zu Wissen über Bewußtseinszustände gelange. Vielmehr geht es darum, daß jeder einzelne meiner Bewußtseinszustände nur als der Zustand, der er ist, existiert, weil er von mir, dem Subjekt, erlebt wird. Und somit ist er Teil der Abfolge von Zuständen, die mein bewußt gelebtes Leben ausmachen, wie wir dies bei unserer Erörterung des inneren Charakters von Bewußtseinszuständen gesehen haben.

Oft wird die Ansicht vertreten, daß Subjektivität eine wissenschaftliche Theorie des Bewußtseins verhindere, daß das Bewußtsein wegen seiner Subjektivität wissenschaftlich unerforschbar sei. Die dafür vorgebrachte Argumentation beruht jedoch typischerweise auf einem schlechten Syllogismus. Wir können, glaube ich, zu einem besseren Verständnis von Subjektivität gelangen, indem wir den Fehlschluß freilegen, der in diesem Syllogismus enthalten ist. Die Argumentation geht so:

1. Wissenschaft ist per definitionem objektiv (im Gegensatz zu subjektiv).
2. Bewußtsein ist per definitionem subjektiv (im Gegensatz zu objektiv).
3. Folglich kann es keine Wissenschaft vom Bewußtsein geben.

In dieser Argumentation wird ein Fehlschluß begangen, und zwar der Fehlschluß mit der Mehrdeutigkeit in bezug auf die Wörter »subjektiv« und »objektiv«. Diese Wörter haben mehrere unterschiedliche Bedeutungen, und die werden in diesem Syllogismus durcheinandergebracht. In dem vielleicht gebräuchlichsten Sinn der Unterscheidung zwischen »subjektiv« und »objektiv« nennt man eine Feststellung objektiv, wenn sich ihre Wahrheit bzw. Falschheit unabhängig von den Gefühlen, Einstellungen und Vorurteilen der Menschen erkennen läßt. Eine Feststellung ist subjektiv, wenn ihr Wahrheitswert wesentlich von den Einstellungen und Gefühlen irgendwelcher Beobachter abhängt. Mit Hinblick auf diesen Sinn der Wörter – und auf diese Unterscheidung zwischen Objektivität und Subjektivität – spreche ich von »epistemischer Objektivität« und »epistemischer Subjektivität«. So ist z. B. die Feststellung »Rembrandt wurde 1609 geboren« epistemisch objektiv, denn wir können wissen, ob sie wahr oder ob sie falsch ist, gleichgültig welche Einstellung wir diesbezüglich haben. Hingegen ist die Feststellung »Rembrandt war ein besserer Maler als Rubens« nicht epistemisch objektiv, weil ihr Wahrheitswert eine (wie man sagt) Geschmacks- oder Ansichtssache ist. Die Wahrheit bzw. Falschheit dieser Feststellung hängt von den Einstellungen, Vorlieben und Bewertungen von Beobachtern ab. Dies ist der epistemische Sinn der Objektiv/subjektiv-Unterscheidung.

Diese Wörter und die dazugehörige Unterscheidung haben jedoch auch einen anderen Sinn, und diesen bezeichne ich als den ontologischen Sinn. Im epistemischen Sinn sind es Feststellungen, die subjektiv bzw. objektiv sind; im ontologischen Sinn sind es Existenz-Modi von Typen von Entitäten in der Welt. Berge und Gletscher haben einen *objektiven Existenz-Modus*, weil ihre Existenz nicht davon abhängt, daß sie von einem Subjekt erlebt werden. Jeder Schmerz, jedes Jucken, aber auch jeder Gedanke und jede Empfindung haben einen *subjektiven Existenz-Modus*, weil sie nur als von einem menschlichen oder tierischen Subjekt erlebt existieren. Der Fehlschluß in der gerade betrachteten Argumentation liegt in der Annahme, daß Bewußtseinszustände aufgrund ihres ontologisch subjektiven Existenz-Modus nicht von einer epistemisch objektiven Wissenschaft erforscht werden können. Aber dies ist keine gültige Schlußfolgerung. Der Schmerz in meinem Zeh ist ontologisch subjektiv, aber die Feststellung »JRS hat jetzt Schmerzen in seinem Zeh« ist nicht epistemisch subjektiv. Die Feststellung betrifft eine simple (epistemisch) objektive Tatsache, keine (epistemisch) subjektive Ansicht. Mithin hält uns der subjektive Existenz-Modus von Bewußtsein nicht davon ab, zu einer objektiven Wissenschaft des Bewußtseins zu gelangen. Wissenschaft ist zwar in dem Sinne epistemisch objektiv, daß Wissenschaftler Wahrheiten zu entdecken versuchen, die von jedermanns Gefühlen, Einstellungen oder Vorurteilen unabhängig sind. Aber derartige epistemische Objektivität steht dem nicht entgegen, ontologische Subjektivität in den Gegenstandsbereich der Untersuchung aufzunehmen.

Standard-Positionen prallen aufeinander: das Körper/Geist-Problem

Philosophen schien das Bewußtsein über viele Jahrhunderte hinweg ein ernstes metaphysisches Problem darzustellen. Wie ist es möglich, daß eine Welt, die zur Gänze aus materiellen Teilchen in Kraftfeldern besteht, Systeme mit Bewußtsein enthält? Wer Bewußtsein für irgendein separates, mysteriöses Phänomen hält, das von der materiellen oder physischen Wirklichkeit verschieden ist, den zieht es wahrscheinlich sehr stark zu dem, was traditionell als »Dualismus« bezeichnet wird: die Idee, daß es zwei grundlegend unterschiedliche Arten von Phänomenen oder Entitäten im Universum gibt. Wer jedoch versucht, den Dualismus zu bestreiten, wer zu bestreiten versucht, daß Bewußtsein als etwas irreduzibel Subjektives existiert, den zieht es wahrscheinlich sehr stark zum Materialismus. Man fühlt sich dann zu dem Gedanken genötigt, Bewußtsein, wie ich es beschrieben habe und wie es in der Tat von jedermann erlebt wird, existiere in Wirklichkeit nicht. Wer Materialist ist, muß sagen, daß es in Wirklichkeit so etwas wie Bewußtsein mit einer subjektiven Erste-Person-Ontologie nicht gibt. Viele Materialisten verwenden zwar weiterhin das Bewußtseinsvokabular, es ist aber völlig klar, daß sie etwas anderes damit meinen. Sowohl der Dualismus als auch der Materialismus sind bis auf den heutigen Tag weitverbreitete Auffassungen in der Philosophie.

Den Dualismus gibt es in zwei Geschmacksrichtungen: als *Substanz*-Dualismus und als *Eigenschafts*-Dualismus. Dem Substanz-Dualismus zufolge gibt es zwei unterschiedliche Arten von Entitäten im Universum: materielle Gegenstände und immaterielle Geister. Diese Auffassung reicht bis in die Antike zurück, aber ihr berühmtester Vertreter war René Descartes im siebzehnten Jahrhundert; nach ihm wird der Substanz-Dualismus manchmal auch als Cartesischer Dualismus bezeichnet. Der Eigenschafts-Dualismus besagt, daß es unter den Eigenschaften von Gegenständen zwei metaphysisch unterschiedliche Arten gibt. Es gibt physische Eigenschaften (drei Pfund schwer sein z. B.) und geistige Eigenschaften (Schmerzen haben z. B.). Allen Formen des Dualismus ist die Auffassung gemeinsam, daß die beiden Typen einander wechselseitig ausschließen. Was geistig ist, kann, als Geistiges, nicht physisch sein; was physisch ist, kann, als Physisches, nicht geistig sein.

Viele Philosophen hängen heute noch immer dem Dualismus an, auch wenn es gewöhnlich der Eigenschafts-Dualismus und nicht der Substanz-Dualismus ist. Die meisten heutigen

Philosophen hängen jedoch, so denke ich, dem Materialismus in einer seiner Formen an. Sie glauben nicht, daß es so etwas wie Bewußtsein »zusätzlich zu« den physischen Merkmalen der physischen Welt gibt. Den Materialismus gibt es in vielerlei unterschiedlichen Spielarten, und ich werde gar nicht den Versuch machen, sie allesamt aufzuzählen. Hier sind ein paar der berühmtesten Beispiele:

Der *Behaviorismus* besagt, daß Geist sich auf Verhalten und Verhaltensdispositionen zurückführen läßt. Beispielsweise ist Schmerzen zu haben nichts weiter als dies: Schmerzverhalten an den Tag legen oder dazu disponiert sein, es zu tun.

Der *Physikalismus* besagt, daß Geisteszustände schlicht und einfach Hirnzustände sind. Beispielsweise ist Schmerzen zu haben nichts weiter als dies: C-Faser-Reizungen haben.

Der *Funktionalismus* besagt, daß Geisteszustände durch ihre Kausalbeziehungen definiert sind. Dem Funktionalismus zufolge ist jeder beliebige Zustand eines physischen Systems (gleichgültig ob es sich dabei um ein Gehirn oder um irgendein anderes System handelt) ein Geisteszustand, wenn er nur in den richtigen Kausalbeziehungen zu Input-Reizen, zu andern funktionalen Zuständen und zu dem Output-Verhalten des Systems steht. Beispielsweise ist Schmerzen zu haben einfach dies: Man befindet sich in einem Zustand, der von gewissen Arten von Reizungen der peripheren Nervenenden verursacht ist und seinerseits gewisse Verhaltensweisen und gewisse andere funktionale Zustände bewirkt.

Die *starke These der KI* besagt, daß jeder Geist einfach ein Computer-Programm ist, das in einem Gehirn oder vielleicht in einem Computer anderer Art implementiert ist. Schmerzen haben heißt: Das Computer-Programm für Schmerz läuft.

Trotz dieser Vielfalt ist allen mir bekannten Varianten des zeitgenössischen Materialismus das Ziel gemeinsam, geistige Phänomene im allgemeinen und Bewußtsein im besonderen, so wie sie gewöhnlich aufgefaßt werden, dadurch loszuwerden, daß man sie auf irgend etwas Physisches oder Materielles zurückführt. Jede der Varianten des Materialismus, die ich gerade erwähnt habe, ist eine »Nichts-weiter-als«-Theorie: Mit ihr wird beispielsweise bestritten, daß Schmerzen innere, qualitative, subjektive Geistesphänomene sind, und es wird die gegenteilige Behauptung vertreten, Schmerzen seien »nichts weiter als«: Verhalten, computationale Zustände und so weiter.

Weder für den Dualismus (sei es der Substanz-Dualismus, sei es der Eigenschafts-Dualismus) noch für den Materialismus in irgendeiner seiner vielen Varianten sehe ich eine Aussicht darauf, daß er wahr ist. Und der Umstand, daß wir die betreffenden Fragen und Antworten immer noch mit den veralteten und überholten Vokabeln »geistig« und »physisch«, »Geist« und »Körper« formulieren, sollte uns als Hinweis darauf dienen, daß wir schon in der Art, wie wir die Fragen stellen und beantworten, irgendeinen fundamentalen begrifflichen Fehler begehen. Einerseits der Dualismus: Er macht in jeder seiner Varianten den Status und die Existenz vom Bewußtsein völlig mysteriös. Wie sollen wir uns beispielsweise kausale Interaktion irgendeiner Art zwischen dem Bewußtsein und der physischen Welt vorstellen? Der Dualist postuliert einen separaten Bereich des Geistigen, kann dann aber nicht erklären, in welcher Beziehung dieser Bereich zu der materiellen Welt steht, in der wir leben. Andererseits der Materialismus: Er scheint offenkundig falsch zu sein. Er führt dazu, daß die Existenz von Bewußtsein geleugnet wird, und damit wird die Existenz desjenigen Phänomens geleugnet, das die Frage überhaupt erst entstehen ließ. Gibt es einen Ausweg? Gibt es zwischen der Scylla des Dualismus und der Charybdis des Materialismus noch eine andere Möglichkeit? Ich denke, es gibt sie.

Ich hoffe, es ist klar, daß wir es in dieser Debatte mit einem Aufeinanderprall von Standard-Positionen zu tun haben. Zwar habe ich beide Positionen in einem Licht dargestellt, das ihnen nicht gerade schmeichelt, aber man führe sich vor Augen, daß man sie sehr attraktiv aussehen lassen kann. Einerseits scheint es auf der Hand zu liegen, daß wir sowohl einen Geist als auch einen Körper haben – oder daß es in unserem Leben sowohl Körperliches als auch Geistiges gibt. Andererseits scheinen wir doch schlicht und einfach zu wissen, daß die Welt zur Gänze aus materiellen Teilchen und ihren materiellen Eigenschaften besteht, zu denen die materiellen Eigenschaften großer Teilchen-Verbände gehören.

Solange wir nicht erkennen, welche Kräfte in jeder der beiden Standard-Positionen wirksam wird, werden wir weder das Durchhaltevermögen des Körper/Geist-Problems verstehen noch die Anziehungskraft der konkurrierenden Positionen. Der Dualismus scheint sich mit dem gesunden Menschenverstand zu vertragen. Wie Descartes selbst sagte: Jeder von uns hat seine eigenen bewußten Erlebnisse und kann ohne weiteres sehen, daß sie etwas anderes sind als die materielle Welt, die uns umgibt. Wir haben unsere inneren Gedanken, Gefühle, Schmerzen und visuellen Wahrnehmungen. Außerdem gibt es noch eine Welt der objektiv existierenden, dreidimensionalen materiellen Gegenstände, eine Welt der Stühle, Tische, Bäume, Berge und Wasserfälle. Was könnte unterschiedlicher sein?

Weiterhin erscheint uns, wenn wir an die Beziehung denken, die zwischen unserm Ich (das Bewußtsein hat) und unserm Körper besteht, der Gedanke einfach zu schrecklich, daß unser Körper restlos alles ist, was es mit unserm Ich auf sich hat. Der Gedanke, daß ich mit der Zerstörung meines Körpers zu existieren aufhöre, scheint zu furchtbar; und selbst wenn ich gelegentlich den nötigen Mut aufbringe, um meine eigene künftige Nichtexistenz zu akzeptieren, so ist die endgültige Auslöschung der Menschen, die ich am meisten liebe und verehre, noch viel schwerer zu ertragen. Der Gedanke, daß solch wundervolle Menschen mit dem unausweichlichen Tod und Zerfall ihres Körpers, der letzten Endes ja nur ein materieller Gegenstand wie jeder andere in der Welt ist, selbst zu nichts werden – dieser Gedanke ist zu schrecklich, um ihn zu denken. Kurz, der Dualismus verträgt sich nicht nur mit der naheliegendsten Deutung unseres Erlebens, sondern er befriedigt auch unser sehr tiefes Verlangen nach einem Weiterleben nach dem Tode.

Früher dachte ich, der Dualismus sei wohl eine Eigenheit der westlichen Kultur, aber als ich einmal einen Vortrag bei einem Symposion in Bombay hielt, an dem auch der Dalai Lama teilnahm, entdeckte ich zu meiner Überraschung, daß er von einer bestimmten Variante des Dualismus überzeugt ist. Er begann seinen Beitrag mit den Worten: »Jeder von uns ist sowohl ein Geist als auch ein Körper.«

Andererseits ist auch der Materialismus von überwältigender Überzeugungskraft. Wir haben inzwischen mehrere Jahrhunderte des wissenschaftlichen Fortschritts erlebt, und falls es irgend etwas gibt, was wir wissen, dann ist es dies: Die Welt besteht zur Gänze aus materiellen Teilchen in Kraftfeldern. Wenn wir annehmen, daß es so etwas wie wirkliche Bewußtseinsphänomene gibt, wie sollen wir es uns vorstellen, daß sie in die Welt der materiellen Teilchen hineinpassen? Sollen wir uns vorstellen, daß Seelen in die Moleküle ein- und aus ihnen ausfahren? Oder sollen wir uns vorstellen, daß die Seele irgendwie mit dem Gehirn verbunden, mit metaphysischem Klebstoff angeklebt ist, und daß sie sich loslöst, wenn wir sterben? Es scheint, daß es angesichts dessen, was wir aus der Wissenschaft über die Welt wissen, nur eine Art gibt, auf die wir uns unsere eigene Existenz erklärlich machen können: Wir müssen anerkennen, daß alles materiell ist. Es gibt nichts, das zur materiellen Wirklichkeit außerdem noch hinzukäme – es gibt nichts »über die materielle Wirklichkeit hinaus«.

Dies ist für philosophische Probleme typisch, die unlösbar erscheinen. Wir stehen vor zwei miteinander unverträglichen Möglichkeiten, und keine von beiden scheinen wir aufgeben zu können. Wir müssen uns aber, so sagt man uns, für eine von beiden entscheiden. Die Geschichte des Problems wird dann zur Geschichte der Schlacht zwischen den beiden Seiten. Im Hinblick auf das Bewußtsein und das Körper/Geist-Problem hat man uns erzählt, wir müßten uns zwischen dem Dualismus und dem Materialismus entscheiden, also entweder auf der Irreduzibilität des Geistigen beharren oder auf der Zurückführbarkeit und mithin Elimination des Geistigen zugunsten einer rein physischen Existenz des Geistes. Beide Standard-Positionen haben, wenn man sie in traditioneller Manier auffaßt, Implikationen, die – geradeheraus gesagt – grotesk sind. Es ergibt sich also folgendes, und das ist wiederum typisch für scheinbar unlösbare philosophische Probleme: Unser Ausgangspunkt ist eine Position, die uns der gesunde Menschenverstand vorzugeben scheint, aber wenn wir uns vor Augen führen, was sie im einzelnen beinhaltet, dann hat sie anscheinend Konsequenzen, die nicht hinzunehmen sind. So beinhaltet die allgemein akzeptierte Standard-Position, daß jeder von uns sowohl ein Geist als auch ein Körper ist, wenn sie in traditioneller Manier ausgearbeitet wird, die Folgerung, daß unser Bewußtsein ein freischwebendes Dasein außerhalb der physischen Welt führt und kein Teil unseres gewöhnlichen biologischen Lebens ist. Die materialistische Standard-Position besagt, daß die Welt zur Gänze aus materiellen oder physischen Entitäten gemacht ist. Wird diese Position so ausgearbeitet, wie Materialisten das gewöhnlich tun, folgt aus ihr, daß Bewußtsein, das ja etwas irreduzibel Geistiges sein soll, nicht existiert. Wenn die Materialisten endlich nicht mehr um den heißen Brei herumreden, leugnen sie am Ende typischerweise die Existenz von Bewußtsein, obgleich es den meisten von ihnen zu peinlich ist, ganz offen zu sagen: »Bewußtsein gibt es nicht. Kein Mensch, kein Tier hatte jemals Bewußtsein.« Statt dessen definieren sie »Bewußtsein« um, so daß sich dieser Begriff nicht mehr auf innere, qualitative subjektive Geisteszustände bezieht, sondern auf irgendwelche Dritte-Person-Phänomene, also auf Phänomene, die nicht in dem von mir erläuterten Sinn innerlich, qualitativ oder subjektiv sind. Bewußtsein wird auf körperliches Verhalten, auf computationale Zustände des Gehirns, auf Informationsverarbeitung oder auf funktionale Zustände eines physischen Systems zurückgeführt. Daniel Dennett ist in dieser Hinsicht ein typischer Materialist. Gibt es für Dennett Bewußtsein? Er würde es niemals leugnen. Und was ist Bewußtsein? Nun, es sind ein paar bestimmte, im Gehirn implementierte Computer-Programme.[24]

24 Daniel Dennett, *Philosophie des menschlichen Bewußtseins*, Hamburg 1994 (engl.: *Consciousness Explained*, Boston 1991).

Es tut mir leid, aber solche Antworten taugen nichts. Bewußtsein ist ein inneres, subjektives, qualitatives Erste-Person-Phänomen. Jede Theorie des Bewußtseins, die diese Merkmale übergeht, ist keine Theorie über das Bewußtsein, sondern über irgend etwas anderes.

Die richtige Art, dieses Problem zu lösen, besteht meines Erachtens darin, beide alternativen Möglichkeiten zurückzuweisen. Sowohl der Dualismus als auch der Materialismus beruhen auf einer Reihe von falschen Annahmen. Die wichtigste falsche Annahme lautet: Wenn Bewußtsein wirklich ein subjektives, qualitatives Phänomen ist, dann kann es nicht Teil der materiellen, physischen Welt sein. Und in der Tat ist diese Annahme kraft Definition wahr – wenn man die seit dem 17. Jahrhundert üblichen Definitionen zugrunde legt. Descartes hat »Geist« und »Materie« so definiert, daß sie einander wechselseitig ausschließen. Wenn etwas geistig ist, kann es nicht physisch sein; wenn es physisch ist, kann es nicht geistig sein. Mein Vorschlag ist: Nicht nur diese Definitionen sind aufzugeben, sondern auch die traditionellen Kategorien »Geist«, »Bewußtsein«, »Materie«, »geistig«, »physisch«, wie sie in unsern philosophischen Debatten traditionell aufgefaßt werden, und alles, was sonst noch dazugehört.

Schauen wir, was passiert, wenn wir versuchen, uns an die traditionellen Definitionen zu halten. Bewußtsein ist ein biologischer Vorgang, der sich im Gehirn abspielt, so wie Verdauung ein biologischer Vorgang ist, der sich im Magen und im übrigen Verdauungstrakt abspielt. Demnach sieht es so aus, als sei Bewußtsein etwas Materielles und unsere Theorie müsse eine materialistische sein. Doch halt! Bewußtsein hat eine Erste-Person-Ontologie und kann daher nicht materiell sein, weil materielle Dinge und Vorgänge allesamt eine objektive Dritte-Person-Ontologie haben. Demnach sieht es so aus, als sei Bewußtsein etwas Geistiges und unsere Theorie müsse eine dualistische sein.

Wenn wir diese Definitionen akzeptieren, haben wir einen Widerspruch. Die Lösung ist, die Definitionen aufzugeben.

Wir haben genug biologisches Wissen, um zu wissen, daß diese Definitionen den Tatsachen nicht angemessen sind. *Es ist immer eine gute Idee, sich an die Tatsachen zu erinnern, sich daran zu erinnern, was wir tatsächlich wissen.* Wir wissen, daß es eine Tatsache ist, daß alle unsere Bewußtseinszustände von Hirnvorgängen verursacht sind. An diesem Satz gibt es nichts zu deuteln. Es gibt ein Rätsel, das auf viele Philosophen Eindruck macht: Wie *können überhaupt* Hirnvorgänge Bewußtsein verursachen; und es gibt ein meines Erachtens ernstzunehmenderes Rätsel, vor dem die Neurobiologen stehen: Wie *verursachen* Hirnprozesse denn nun *tatsächlich* Bewußtsein? Etwas müssen wir allerdings anerkennen, bevor wir mit dieser Erörterung überhaupt anfangen, und zwar daß Hirnvorgänge tatsächlich Bewußtsein verursachen. Das stellt uns vor die nächste Frage: Was ist dieses Bewußtsein, das so verursacht wird? Und zwingt uns die Kausalbeziehung zwischen Bewußtsein und Hirnvorgängen nicht in den Dualismus – in einen Dualismus der materiellen Hirnvorgänge, die als Ursache fungieren, einerseits und der nicht-materiellen, subjektiven Bewußtseinsvorgänge, die die Wirkungen sind, andererseits?

Meines Erachtens sind wir weder zum Dualismus noch zum Materialismus gezwungen. Woran man sich erinnern sollte, ist: Bewußtsein ist ein biologisches Phänomen wie jedes andere. Es ist wahr, Bewußtsein hat, wie wir gesehen haben, ganz spezielle Merkmale, insbesondere das der Subjektivität; aber das hindert das Bewußtsein doch nicht daran, in der gleichen Weise ein höherstufiges Merkmal des Gehirns zu sein, wie Verdauung ein höherstufiges Merkmal des Magens oder das Flüssigsein ein höherstufiges Merkmal desjenigen Molekülsystems ist, das unser Blut ausmacht. Kurz, die Erwiderung, die auf den Materialismus zu geben ist, besteht im Hinweis darauf, daß er die wirkliche Existenz von Bewußtsein ignoriert. Gegen den Dualismus gewinnt man einfach dadurch, daß man sich weigert, das System von Kategorien zu akzeptieren, in dem das Bewußtsein als etwas Nicht-Biologisches, als etwas nicht zur natürlichen Welt Gehöriges hingestellt wird.

Ich hatte gesagt, daß wir den Dualismus nicht für eine Theorie halten sollten, die ausschließlich der westlichen Philosophie zu eigen ist. Daß seine Attraktivität weiter reicht, wird durch den Umstand illustriert, daß auch eine Figur östlicher Religiosität wie der Dalai Lama Dualist ist. Doch auch wenn der Dualismus sozusagen »multi-kulturell« ist, ist er dennoch nicht universell. Ein Freund von mir aus Afrika hat mich einmal tief beeindruckt, als er mir sagte, daß das »Körper/Geist-Problem«, wie wir es verstehen, sich in seiner afrikanischen Muttersprache nicht einmal formulieren läßt. Was ich jetzt hier versuche, ist dies: die europäischen Begriffskategorien so zu revidieren, daß sich das Problem nicht länger in der Weise formulieren läßt, wie dies traditionell geschehen ist. Geben Sie mir zu, daß das Bewußtsein, mit all seiner Subjektivität, von Vorgängen im Gehirn verursacht ist; und geben Sie mir zu, daß Bewußtseinszustände selbst höherstufige Merkmale des Gehirns sind. Sobald Sie mir dies beides zugegeben haben, ist kein metaphysisches Körper/Geist-Problem mehr da. Das traditionelle Problem entsteht nur, wenn man das einschlägige Vokabular mit seinen einander wechselseitig ausschließenden Kategorien des Physischen und des Mentalen, der Materie und des Geistes, des Leibs und der Seele akzeptiert. Natürlich ist Bewußtsein immer noch ein besonderes unter den biologischen Phänomenen. Bewußtsein hat eine Erste-Person-Ontologie und läßt sich mithin nicht auf Phänomene mit einer Dritte-Person-Ontologie zurückführen oder zu ihren Gunsten eliminieren. Doch dies ist schlicht ein Natur-Tatsache: so funktioniert die Natur eben. Es ist eine neurobiologische Tatsache, daß gewisse Hirnvorgänge Bewußtseinszustände und -vorgänge verursachen. Wofür ich mich hier mit Nachdruck einsetze, ist dies: Wir sollten die Tatsachen zugeben, ohne den metaphysischen Ballast zu akzeptieren, mit dem sie traditionell daherkommen.

Wenn ich sage, das Gehirn sei ein biologisches Organ und Bewußtsein ein biologischer Vorgang, dann möchte ich damit natürlich nicht sagen oder auch nur nahelegen, es wäre unmöglich, ein künstliches Gehirn aus nichtbiologischem Material zu bauen, das ebenfalls Bewußtsein verursachen und aufrechterhalten könnte. Das Herz ist auch ein biologisches Organ und das Pumpen von Blut ein biologischer Vorgang, und es ist möglich, ein künstliches Herz zu bauen, das Blut pumpt. Im Prinzip gibt es keinen Grund, warum wir nicht ganz entsprechend ein künstliches Gehirn bauen könnten, das Bewußtsein verursacht. Um innere, qualitative, subjektive Bewußtseinszustände hervorzubringen, müßte solch ein künstliches Gehirn – und das möchte ich nachdrücklich betonen – die tatsächlichen Ursachen von Bewußtsein im menschlichen und tierischen Gehirn duplizieren. Einfach nur ähnliches Verhalten als Output hervorzubringen, reichte allein noch nicht aus.

Das Bisherige läßt sich in den folgenden Sätzen zusammenfassen:

1. Bewußtsein besteht in inneren, qualitativen, subjektiven Zuständen und Vorgängen. Es hat mithin eine Erste-Person-Ontologie.
2. Weil es eine Erste-Person-Ontologie hat, läßt sich Bewußtsein nicht in der Weise auf Dritte-Person-Phänomene zurückführen, wie dies für andere natürliche Phänomene (wie z. B. Wärme, Flüssigsein oder Festsein) typisch ist.
3. Bewußtsein ist vor allem ein biologisches Phänomen. Bewußtseinvorgänge sind biologische Vorgänge.
4. Bewußtseinsvorgänge werden durch niedrigerstufige neuronale Vorgänge im Gehirn verursacht.
5. Bewußtsein besteht aus höherstufigen Vorgängen, die in der Struktur des Gehirns realisiert sind.
6. Es gibt, soweit wir wissen, im Prinzip keinen Grund, warum wir nicht ein künstliches Gehirn bauen könnten, das ebenfalls Bewußtsein verursacht und realisiert.

Aber damit hat es sich. Das ist unsere Darstellung der metaphysischen Beziehungen zwischen Bewußtsein und Gehirn. Die Fragen des Dualismus und Materialismus stellen wir erst gar nicht, an keinem Punkt. Sie sind zu veralteten Kategorien geworden.

Somit haben wir Bewußtsein »naturalisiert«, und die Bezeichnung »biologischer Naturalismus« ist denn auch in der Tat mein Etikett für diese Auffassung: »Naturalismus«, weil der Geist dieser Auffassung zufolge ein Teil der Natur ist, und »biologisch«, weil der Erklärungsmodus für die Existenz von geistigen Phänomenen ein biologischer ist – und nicht etwa einer, der bei Computer-Programmen, beim Verhalten, bei Gesellschaftlichem oder Sprachlichem ansetzt.

Unter anderem so läßt sich, wie ich meine, in der Philosophie Fortschritt machen. Die Methode ist folgende: Steht man vor einem hartnäckigen Problem wie dem Aufeinanderprall zweier Standard-Positionen, dann soll man es nicht einfach so hinnehmen. Man soll ihm gegenüber aktiv werden und hinter es schauen, um zu sehen, welche Annahmen hinter den Alternativen stecken, vor die es uns stellt. Im hier gegebenen Fall haben wir die Frage nicht im Lichte der uns vorgegebenen Alternative beantwortet, sondern wir haben die Frage *überwunden*. Die Frage war: Ist der Dualismus oder ist der Materialismus die korrekte Analyse des Geistigen? Die Antwort ist: Traditionell konzipiert, ist keine der beiden Auffassungen korrekt; in revidierter Form sind beide korrekt. Folglich ist es das beste, das Vokabular von »Dualismus« und »Materialismus« ganz und gar abzuweisen und von vorn anzufangen. Die Antwort findet sich in den Sätzen 1-5. Sie läßt sich sogar noch knapper so formulieren: Bewußtsein wird von Hirnvorgängen verursacht und ist ein höherstufiges Merkmal des Gehirns.

Unsere Vorgehensweise bestand darin, daß wir uns als erstes daran erinnert haben, was wir darüber wissen, wie die Welt funktioniert. Was unser Problem angeht, so wissen wir, daß Bewußtsein in Zuständen und Vorgängen besteht, die ontologisch subjektiv sind, von Vorgängen im Gehirn verursacht werden und im Gehirn realisiert sind. Wir haben dann gesehen, daß das Bild, das sich aus unserm Wissen um die Tatsachen ergab, mit beiden Möglichkeiten (Dualismus und Materialismus) unverträglich ist, die uns traditionell als die Alternative angeboten werden, vor der wir stehen. So bestand unser nächster Schritt darin, uns zu fragen: Welche Annahmen, die in beiden Theorien unterstellt werden, lassen die Ausgangsfrage unlösbar erscheinen? Und die Antwort ist: Es wird in ihnen, wie bei

Descartes, unterstellt, daß die Kategorien Geist und Körper (oder Bewußtsein und Materie) einander wechselseitig ausschließen. Unsere Lösung war es dann, diese Kategorien loszuwerden. Es stellte sich heraus, daß wir auf diese Weise alle Tatsachen, um deren Bestehen wir unabhängig von unsern philosophischen Festlegungen wußten, akzeptieren können, ohne uns in Widersprüche zu verstricken.

Die Irreduzibilität des Bewußtseins

Ich sagte, das Bewußtsein sei aufgrund seiner Subjektivität gemäß den Standardmodellen wissenschaftlicher Reduktion nicht auf Dritte-Person-Phänomene reduzierbar. Doch warum genau ist das so? Das Problem läßt sich folgendermaßen formulieren: Wenn das Bewußtsein, wie ich mit Nachdruck behaupte, ein gewöhnliches biologisches Phänomen wie die Mitose, die Meiose oder die Verdauung ist, dann sollte es uns doch möglich sein anzugeben, in genau welcher Art Bewußtsein sich auf Mikro-Phänomene zurückführen läßt, wie dies ja bei der Mitose oder der Verdauung der Fall ist. Nehmen wir das Beispiel der Verdauung. Sobald die ganze Geschichte mit den Enzymen, dem Renin, der Aufspaltung der Kohlenhydrate usw. erzählt ist, gibt es nichts mehr dazu zu sagen. Es gibt keine außerdem noch hinzukommende Eigenschaft der Verdauung. Und natürlich gibt es für die Vorgänge noch eine andere Beschreibung, in der das Verhalten noch kleinerer Mikro-Bestandteile (Quarks und Myonen) beschrieben wird, bis wir schließlich zu den fundamentalsten Quantenphänomenen gelangen. Beim Bewußtsein scheint die Lage eine andere zu sein, denn auch wenn wir die kausale Basis von Bewußtsein – das Feuern der Neuronen im Thalamus und in den verschiedenen Schichten des Cortex oder die Aktivitäten der Quarks oder der Myonen – beschrieben haben, dann scheint da immer noch ein Phänomen übrig zu sein. Im Falle des Bewußtseins bleibt ein irreduzibles subjektives Element übrig, auch wenn wir eine vollständige Darstellung des Kausalgeschehens auf der neurobiologischen Basis gegeben haben. Was ist da los? Zwingt uns das nicht zum Eigenschaftsdualismus?

Um diese Frage zu beantworten, muß ich ein bißchen mehr über wissenschaftliche Reduktion sagen. Es gibt sehr viele verschiedene Arten wissenschaftlicher Reduktion, und der Begriff ist alles andere als klar. Für unsere Zwecke müssen wir allerdings nur zwischen zwei Arten von Reduktion unterscheiden; die eine nenne ich »eliminativ«, die andere »nicht-eliminativ«. Mit eliminativen Reduktionen wird man ein Phänomen los, indem man zeigt, daß es in Wirklichkeit nicht existiert, daß es bloß eine Einbildung war. Wenn wir beispielsweise Erscheinungen wie Sonnenaufgänge und Sonnenuntergänge erklären, dann eliminieren wir sie in einem gewissen Sinn, denn wir zeigen ja, daß es sich bei ihnen nur um Täuschungen handelt. Die Sonne geht in Wirklichkeit nicht hinter den Bergen unter; die Drehung der Erde um ihre Achse läßt es nur so aussehen, als ginge die Sonne unter.

Anders verhält es sich bei der nicht-eliminativen Reduktion von Merkmalen wie Flüssigsein und Festigkeit. Für Festigkeit gibt es eine vollständige Kausalerklärung mit Rückgriff auf die Vibrationsbewegungen von Molekülen, die in Gitterstrukturen angeordnet sind. Sobald die Moleküle sich in dieser Weise bewegen, lassen sich Gegenstände nicht von andern Gegenständen durchdringen. Sie können andern Gegenständen als Unterlage dienen und so weiter. Festigkeit läßt sich durch das Verhalten von Mikro-Elementen kausal erklären, und aus diesem Grund geben wir für Festigkeit eine neue Definition mit Rückgriff auf ihre kausale Basis. Die Zurückführung von Festigkeit auf Molekülbewegung ist eine nicht-eliminative Kausal-Reduktion. Der Tisch sieht nicht bloß fest aus; er *ist* fest.

Auf das Bewußtsein läßt sich nun aber – und das ist der Punkt, auf den es mir ankommt – keines dieser beiden Manöver anwenden. Warum nicht? Wir können auf das Bewußtsein keine eliminative Reduktion anwenden, weil zu einer eliminativen Reduktion der Nachweis gehört, daß das zurückgeführte

Phänomen bloß eine Täuschung ist. Doch wenn es um das Bewußtsein geht, dann ist die Existenz der »Täuschung« die Wirklichkeit selbst. Und das heißt: Wenn es mir so erscheint, daß ich Bewußtsein habe, dann habe ich Bewußtsein. Mehr als eine Abfolge genau solcher »Erscheinungen« ist Bewußtsein ja nicht. In dieser Hinsicht unterscheidet sich das Bewußtsein von Sonnenuntergängen, denn ich kann der Täuschung erliegen, daß die Sonne hinter den Bergen untergeht, während sie das in Wirklichkeit ja nicht tut. Aber ich kann nicht, in Entsprechung dazu, der Täuschung erliegen, daß ich Bewußtsein habe, wenn ich kein Bewußtsein habe. Die »Täuschung«, daß ich Bewußtsein habe, ist selbst das Bewußtsein.

Doch warum läßt sich Bewußtsein nicht in der Weise auf seine mikro-physikalische Kausal-Basis zurückführen, in der sich zum Beispiel Festigkeit auf ihre mikro-physikalische Basis zurückführen läßt? Nun, meines Erachtens könnten wir das, wenn wir willens wären, die Subjektivität auszulassen und einfach nur über ihre Ursachen zu reden. Beispielsweise könnten wir ein solches Maß an medizinischem Raffinement entwickeln, daß wir mit einem Hirnoskop in das Gehirn eines andern Menschen schauen und dort anhand der entsprechenden neuronalen Aktivitäten erkennen könnten, daß er Schmerzen im Ellenbogen hat. Vielleicht könnten wir für wissenschaftliche Zwecke Ellenbogenschmerzen sogar als eine Abfolge gewisser neuronaler Aktivitäten an der-und-der Stelle im Gehirn definieren. Aber dann würden wir etwas auslassen, etwas, das unserm Bewußtseinsbegriff wesentlich ist: und zwar die Subjektivität von Bewußtsein. Bewußtsein hat eine Erste-Person-Ontologie, und aus diesem Grunde läßt sich auf das Bewußtsein, anders als auf Dritte-Person-Phänomene, keine Reduktion anwenden, ohne seinen wesentlichen Charakter auszulassen. Man beachte, daß wir bei der Zurückführung von Festigkeit auf Molekülbewegung die subjektiven Erlebnisse von Menschen auslassen, die mit festen Gegenständen zu tun haben. Wir schneiden die subjektiven Erlebnisse einfach weg, weil sie unserm Begriff der Festigkeit nicht wesentlich sind.

Aber wir können die subjektiven Erlebnisse des Bewußtseins nicht wegschneiden, denn der ganze Witz, um dessen willen wir überhaupt den Bewußtseinsbegriff haben, besteht ja gerade darin, daß er uns als Bezeichnung für die subjektiven Erste-Person-Phänomene dient. Obgleich Bewußtsein ein biologisches Phänomen wie jedes andere ist, läßt es sich wegen seiner Erste-Person-Ontologie nicht in der Weise auf objektive Dritte-Person-Phänomene zurückführen, wie uns dies bei Dritte-Person-Phänomenen wie Verdauung oder Festigkeit möglich ist.

Die Gefahr des Epiphänomenalismus

Nehmen wir der Argumentation zuliebe einmal an, daß ich bis jetzt recht habe: Bewußtsein wird tatsächlich von biologischen Vorgängen niedrigerer Stufe im Gehirn verursacht, und es selbst ist ein höherstufiges Merkmal des Hirnsystems. Traditionelle Philosophen, die sich immer noch im Bann dualistischer Kategorien befinden, werden sofort den folgenden Einwand vorbringen: Gemäß dieser Auffassung muß Bewußtsein ein Epiphänomen sein. Damit ist folgendes gemeint: Bewußtsein wird zwar durch Hirnvorgänge verursacht, kann aber selbst nichts verursachen. Es ist so eine Art dunstiger Rückstand, den das Hirn absondert, nicht fähig, selbst irgend etwas zuwege zu bringen. Aggressiver zugespitzt, geht dieser Einwand so: Ja, es muß aus der bisher dargelegten Theorie folgen, daß Bewußtsein beim Hervorbringen irgendwelcher Phänomene keinerlei kausale Funktion hat. Wer seinen Arm hebt, wird beispielsweise denken, seine bewußte Entscheidung sei die Ursache dafür gewesen, daß der Arm sich hob, aber tatsächlich wissen wir alle, daß es eine detaillierte Kausalgeschichte über das zu erzählen gibt, was sich auf der Ebene der Neuronen im motorischen Cortex abspielt. Sie handelt von Neurotransmittern, insbesondere Acetylcholin, Axon-Enden, Muskelfasern und sonstigen neurophysiologischen Gegebenheiten; und was in dieser Geschichte erzählt wird, reicht völlig aus, um von der Armbewegung eine vollständige Kausalerklärung zu geben, in der in keiner Weise auf das Bewußtsein Bezug genommen wird. Demnach sieht es so aus, als müsse jede realistische Theorie des Bewußtseins, wie ich sie hier vorgeschlagen habe, das Bewußtsein zu einem Epiphänomen werden lassen, zu etwas, das im Hinblick auf das Geschehen in der Welt völlig nutzlos und irrelevant ist.

Was sollen wir darauf entgegnen? Eine Erwägung stellt sich unmittelbar ein: Es wäre wundersam und etwas ganz Einzigartiges in der biologischen Geschichte, wenn ein so hochentwickeltes, reiches und strukturiertes biologisches Phänomen wie das Bewußtsein von Mensch und Tier keinen kausalen Einfluß auf die wirkliche Welt hätten. Angesichts dessen, was wir über die Evolution wissen, ist es unwahrscheinlich, daß der Epiphänomenalismus stimmen könnte. Dies ist kein entscheidender Einwand gegen den Epiphänomenalismus, aber es sollte uns ihm gegenüber zumindest die Stirn runzeln lassen. Wie lautet nun aber die Antwort? Schauen wir wiederum hinter die Frage! Fragen wir uns zunächst: Was wird damit vorausgesetzt, daß der Vorwurf des Epiphänomenalismus erhoben wird?

Das Standardmodell der Verursachung, das erste Ursachen-Erlebnis des Kinds und der primitivste Begriff von Verursachung, den wir haben, das ist die Vorstellung von einem Gegenstand, der auf einen andern physischen Druck ausübt. Piagets Forschungen zur frühkindlichen Entwicklung zeigen, daß der primitivste Verursachungsbegriff des Kinds ein »Stoß-Zug«-Begriff ist.[25] Ein Gegenstand stößt gegen einen andern, und das Kind stößt Gegenstände und zieht an ihnen. So erwirbt es seinen grundlegendsten Begriff der Verursachung. Das Kind begreift allmählich besser, wie die Welt funktioniert, und, was bedeutsamer ist, wir entwickeln allmählich ein wissenschaftliches Verständnis dessen, wie die Welt funktioniert; auf diese Weise gelangen wir zu einer stark erweiterten und viel reiche-

25 Jean Piaget, *La causalité physique chez l'enfant*, Paris 1927.

ren Konzeption kausaler Beziehungen. Wir können dann sehen, daß es bei Verursachung ganz allgemein darum geht, daß eines etwas anderes geschehen macht, und können mithin nicht nur von den Ursachen des Einstürzens von Häusern sprechen, sondern auch von den Ursachen eines Kriegs, einer Wirtschaftskrise, einer Geisteskrankheit und auch von den Ursachen kultureller Veränderungen. Kurz, Verursachung ist nicht nur eine Sache von Stoßen und Ziehen; bei Verursachung geht es darum, daß etwas dafür verantwortlich ist, daß etwas anderes geschieht.

Denken wir einmal daran, wie das im wirklichen Leben funktioniert, wenn Bewußtsein etwas verursacht, wenn es Dinge geschehen macht. Bewußt hebe ich meinen Arm, und was ich da bewußt tue, bewirkt, daß der Arm sich hebt. Mein *bewußt* unternommener Versuch bringt tatsächlich eine Veränderung der Position meines Arms hervor. Wir bezweifeln nicht, daß dies im wirklichen Leben geschieht; jedenfalls bezweifeln wir das nicht, solange wir über diese Dinge nicht das Nachdenken anfangen. Wenn wir dann philosophisch-skeptische Zweifel entwickeln und uns fragen, wie so etwas überhaupt geschehen *könnte*, wie die erlebte Kausalbeziehung mit unserm »wissenschaftlichen Weltbild« in Einklang zu bringen ist, dann kombinieren wir, wie ich glaube, unsern Rest-Dualismus mit einer extrem naiven Konzeption von Kausalbeziehungen. Wenn wir mit einer Stoß-Zug-Verursachung (einer Billardkugel-Verursachung) an die Sache herangehen, wird es uns rätselhaft erscheinen, daß Geisteszustände physische Veränderungen verursachen können. Und das wird uns noch rätselhafter erscheinen, wenn wir die dualistische Annahme machen, daß das »Geistige« nicht Teil der »physischen« Welt ist.

Doch angenommen, wir weisen diese beiden Annahmen zurück. Angenommen, wir fangen mit dem an, was wir unabhängig wissen. *Angenommen, wir fangen mit der Tatsache an, daß der Geist auf den Körper einwirkt und der Körper auf den Geist, und machen von dort aus weiter.* Das heißt, wir wollen etwas, das wir alle aus unserm eigenen Erleben wissen, von Anfang an annehmen: daß es Kausalbeziehungen zwischen dem Bewußtsein und andern physischen Ereignissen gibt. Wenn ich beispielsweise bewußt beabsichtige, meinen Arm zu heben, dann bewirkt mein Bewußtseinszustand das Hochgehen des Arms; wenn ich mich heftig an einem festen Gegenstand stoße, bewirkt der Zusammenprall mit dem Gegenstand, daß ich eine Schmerzempfindung habe. Fangen wir also, zumindest vorläufig, damit an, daß wir diese Tatsachen anerkennen, und versuchen wir dann, die begriffliche Karte noch einmal neu zu zeichnen, so daß sie in ihr akkurat dargestellt sind.

Dieses Anfertigen einer neuen Version der Begriffskarte zum Zwecke der Tatsachen-Darstellung ist typisch für das Anwachsen des philosophischen und wissenschaftlichen Verständnisses. Gegen die Newtonsche Mechanik wurde schon früh der Einwand erhoben, daß die Konzeption von Gravitation als einer Kausalkraft zu implizieren scheint, daß es »Fernwirkung« gibt. Um die Absurdität einer Fernwirkung zu vermeiden, schienen wir gezwungen, uns Gravitation als etwas zu denken, bei dem Planeten durch unsichtbare Schnüre miteinander verbunden sind. Heute macht niemand einen derartigen Einwand. Wir haben eine viel reichere Konzeption von Verursachung, zu der unter anderem Kraftfelder gehören. Wir nehmen heute nicht mehr an, daß ein Planet nur dann auf einen andern kausal einwirken kann, wenn es einen physischen Gegenstand gibt, der die beiden miteinander verbindet, so daß sie aneinander ziehen oder gegeneinander drücken können.

Doch der Opponent wird wiederum fragen: »Wie ist es möglich, daß der Geist auf den Körper einwirken kann?« Das heißt, der Opponent wird sich beschweren, daß ich es nicht einfach bei der unverblümten Behauptung belassen kann, wir spürten doch, daß der Epiphänomenalismus falsch ist. Läßt sich dieser Eindruck mit irgendwelchen Gründen untermauern? Wie soll die Begriffskarte eigentlich aussehen, wenn sie so gezeichnet worden ist, daß die Geist/Körper-Verursachung eine Möglichkeit ist?

In einem ersten Schritt haben wir uns der Annahme entledigt, daß im Falle einer Verursachung immer eines ein anderes stößt oder zieht. Nicht alle Verursachung ist Billardkugel-Verursachung. Der zweite und abschließende Schritt besteht darin, uns daran zu erinnern, wie Verursachung in physischen Systemen denn eigentlich funktioniert. Wenn Sie daran denken, was im Motor Ihres Autos abläuft, werden Sie sehen, daß es verschiedene kausal wirkliche Beschreibungsebenen gibt. Da gibt es die Ebene, auf der wir darüber reden, was der Kolben tut, darüber, was die Zylinder, die Zündkerzen und die Explosionen im Zylinder tun. Da gibt es eine Ebene weiter unten, auf der wir über den Weg der Elektronen durch die Elektroden reden können, über die molekulare Struktur der Metall-Legierungen und über die Bildung neuer Verbindungen wie CO und CO_2. Dies sind zwei völlig verschiedene Ebenen der Beschreibung dessen, was sich in einem Motor abspielt, aber zwischen zwei Beschreibungen dieser Art gibt es keine Unverträglichkeiten, und es gibt keinen Grund, die Beschreibung höherer Stufe als epiphänomenal oder kausal unwirklich zu betrachten. Natürlich muß alles in der Natur in der grundlegendsten Ebene verankert sein – in der Ebene der Quarks, Myonen und subatomaren Teilchen. Der Umstand, daß jede Kausalebene auf fundamentaleren Ebenen basiert, bis schließlich die Basis-Ebene der Mikro-Teilchen erreicht ist, zeigt nicht, daß höhere Ebenen nicht kausal wirklich sind. Kurz, das Argument für die Epiphänomenalität des Geistigen ist nicht besser als das für die Epiphänomenalität von Kolben und Zylinder. Daß man eine Kausalerklärung auf niedrigerer Ebene geben kann, zeigt nicht, daß die höheren Ebenen nicht wirklich sind. Das heißt, unserer vorläufigen Anerkennung der kausalen Wirksamkeit des Bewußtseins kann der Hinweis, daß jede Erklärung auf der Bewußtseinsebene auf fundamentaleren physischen Phänomenen basiert, nichts anhaben, denn es gilt für jedes beliebige physische System, daß Kausalerklärungen auf der höheren Ebene auf fundamentaleren mikro-physischen Erklärungen auf den tieferen Ebenen basieren. Der Hinweis darauf, daß Festigkeit sich durch das molekulare Verhalten der Legierungen erklären läßt, beweist nicht, daß die Festigkeit des Kolbens ein Epiphänomen ist; entsprechend beweist der Hinweis darauf, daß Absichten sich mit Rückgriff auf Neuronen, Synapsen und Neurotransmitter erklären lassen, nicht, daß Absichten Epiphänomene sind.

Wir können unsere Erwiderung auf den Epiphänomenalismus damit zusammenfassen, daß wir drei Fehler nennen, die der epiphänomenalistischen Argumentation zugrunde liegen:

1. die dualistische Annahme, das Geistige sei kein Teil der physischen Welt;
2. die Annahme, alle Verursachung müsse sich nach dem Billardkugel-Modell abspielen: physischer Gegenstand stößt gegen physischen Gegenstand;
3. die Annahme, jede Kausalebene sei kausal unwirklich oder epiphänomenal, wenn sich für das, was auf ihr geschieht, eine Erklärung mittels fundamentalerer Mikro-Strukturen geben läßt.

Ich halte diese drei Annahmen für ungerechtfertigt, ja sogar für falsch. Sobald dargelegt wurde, daß sie falsch sind, gibt es meines Erachtens keinerlei Grund zu behaupten, Bewußtsein sei ein Epiphänomen.

Ich möchte meine Position hier absolut klarmachen. Ich sage nicht, daß der Epiphänomenalismus aus logischen Gründen falsch ist. Was die logische Möglichkeit betrifft, so könnte sich herausstellen, daß Geisteszustände durch und durch epiphänomenal sind und mithin keinerlei kausale Rolle spielen. Eine derartige Möglichkeit ist vorstellbar, aber soweit wir wissen, ist es einfach eine offensichtliche Tatsache, daß die Welt anders funktioniert, nämlich so, daß die Geisteszustände, deren wir uns bewußt sind, bei der Hervorbringung unseres Verhaltens eine kausale Rolle spielen. Es hätte sich zwar herausstellen können, daß die Welt anders ist, aber es hat sich nun einmal herausgestellt, daß sie de facto so ist. Die Gründe für einen Zweifel an dieser Tatsache habe ich zu beseitigen versucht. Ich habe versucht, die Gründe für die Annahme aus dem Weg zu räumen, daß Bewußtsein ein Epiphänomen sein müsse; aber ich habe nicht bewiesen, daß der Epiphänomenalismus logisch absurd ist. Ich halte ihn für falsch, doch die Art der Falschheit, um die es dabei geht, ist empirische Falschheit, nicht logische Absurdität. Würde der Epiphänomenalismus sich als wahr herausstellen, dann wäre dies die größte wissenschaftliche Revolution der Weltgeschichte und würde unser gesamtes Denken über die Wirklichkeit verändern. Mein Ziel war es hier, die Gründe für die Annahme zu beseitigen, daß der Epiphänomenalismus wahr sein müsse.

Die Funktion von Bewußtsein

Damit stellt sich die Frage, was die evolutionäre Funktion von Bewußtsein ist. Welchen evolutionären Wert hat Bewußtsein? Was tut es? Was trägt es zum Überleben bei?

Diese Frage wird manchmal in einem polemischen, rhetorischen Ton gestellt, so als wolle man darauf hinaus, daß es auf das Bewußtsein vielleicht nicht ankommt, daß es vielleicht einfach umsonst mit dabei ist und daß unsere evolutionäre Entwicklung genausogut ohne es hätte ablaufen können. Dies ist eine höchst merkwürdige Idee, denn vieles von dem, was wir an für die Erhaltung unserer Spezies Wesentlichem tun, erfordert Bewußtsein: Wer sich im Koma befindet, kann nicht essen, kopulieren, die Kinder aufziehen, jagen, Getreide anbauen, eine Sprache sprechen, gesellschaftliche Gruppen organisieren oder die Kranken heilen. Was polemisch nahegelegt werden soll, ist die Idee, wir könnten uns auf die eine oder andere Weise vorstellen, daß Lebewesen wie wir sich evolutionär so entwickelt hätten, daß sie diese Dinge tun können, ohne Bewußtsein zu besitzen.

Nun, wir können uns nach Lust und Laune jedes Sciencefiction-Märchen vorstellen. Aber in der wirklichen Welt schlagen sich Menschen und höherentwickelte Tiere typischerweise mit Hilfe von Aktivitäten durch, deren sie sich bewußt sind. Wir können uns Pflanzen vorstellen, die Nahrung anders als mit Hilfe der Photosynthese gewinnen; doch das zeigt nicht, daß die Photosynthese keine evolutionäre Funktion hat. In der wirklichen Welt brauchen Pflanzen die Photosynthese und Menschen das Bewußtsein, um zu überleben.

Die Behauptung, Bewußtsein spiele keine evolutionäre Rolle, ist auch deshalb so extrem verwirrend, weil es doch auf der Hand liegt, daß Bewußtsein so viele Rollen dieser Art spielt. Wer bezüglich dieses Themas skeptische Zweifel hegt, unterstellt meines Erachtens immer noch stillschweigend einen Dualismus von Körper und Geist. Und zwar in folgender Weise. Wenn wir uns nach der evolutionären Rolle eines phänotypischen Merkmals fragen, dann tun wir das normalerweise so, daß wir uns vorstellen, dieses Merkmal sei nicht da, *aber die übrige Natur bleibe gleich*, und dann überlegen, was geschehen würde. Wenn man sich vorstellt, Pflanzen könnten keine Photosynthese machen oder Vögel könnten nicht fliegen, die übrige Natur bleibe aber gleich, dann kann man den evolutionären Vorteil dieser Merkmale sehen. Versuchen wir dies nun mit dem Bewußtsein. Stellen wir uns vor, daß wir allesamt in ein Koma fallen und hilflos herumliegen. Es ist klar, daß wir bald ausgestorben wären. Aber der Skeptiker stellt sich das ganz anders vor. Er stellt sich vor, daß unser Verhalten unverändert bleibt, nur abzüglich Bewußtsein. Doch damit bleibt die übrige Natur gerade *nicht* gleich, denn im wirklichen Leben ist vieles von dem, was wir tun und das uns zum Überleben befähigt, etwas, das wir bewußt tun. Im wirklichen Leben läßt sich das Bewußtsein nicht subtrahieren und das Verhalten dennoch beibehalten. Anzunehmen, das ginge, heißt anzunehmen, daß das Bewußtsein kein gewöhnlicher physischer Teil der physischen Welt ist. Es heißt, mit andern Worten, eine dualistische Theorie des Bewußtseins anzunehmen. Der Skeptizismus im Hinblick auf die evolutionäre Rolle des Bewußtseins setzt mithin voraus, daß Bewußtsein gar kein gewöhnlicher Teil der physischen, biologischen Welt ist, in der wir alle leben.

Bewußtsein, Intentionalität und Verursachung

Bislang habe ich so gesprochen, als würde Bewußtsein seine kausale Funktion sozusagen einfach so ausüben. Wie eine Explosion, die ein Gebäude zum Einsturz bringt, zum Beispiel. Doch typischerweise funktioniert ein Bewußtseinszustand, wie beispielsweise ein Wunsch, dadurch, daß ein Ereignis der Art, das er verursacht, repräsentiert. Ich will zum Beispiel Wasser trinken, und so trinke ich Wasser. Die Wirkung, das Wassertrinken, wird hier von der Ursache, dem Wunsch, Wasser zu trinken, bewußt repräsentiert. Diese Art geistiger Verursachung nenne ich aus Gründen, die in Kapitel 4 deutlich werden, »intentionale Verursachung«. An dieser Stelle möchte ich nur eine Bemerkung über eine erstaunliche Eigenschaft machen, die Lebewesen mit Bewußtsein haben, und zwar die Fähigkeit, Gegenstände und Sachverhalte in der Welt zu repräsentieren und *aufgrund dieser Repräsentationen zu handeln*. Es ist ein allgemeines Merkmal der meisten, wenn auch nicht aller, Bewußtseinsphänomene, daß sie Gegenstände, Ereignisse und Sachverhalte in der Welt repräsentieren. Ja, im Hinblick auf das, worum es uns bei dieser Erörterung geht, ist es sogar das wichtigste Merkmal von Bewußtsein, daß es eine wesentliche Verbindung zwischen dem Bewußtsein und unserer Fähigkeit gibt, uns selbst Gegenstände und Sachverhalte in der Welt zu repräsentieren. Dieses Merkmal besitzen Überzeugungen und Wünsche, Hoffnungen und Befürchtungen, Liebe und Haß, Stolz und Scham sowie Wahrnehmung und Absicht. In der Philosophie gibt es für dieses Merkmal den Fachausdruck »Intentionalität«. Intentionalität ist das Merkmal des Geistes, durch das Geisteszustände auf Sachverhalte in der Welt gerichtet sind, von ihnen handeln, sich auf sie beziehen oder auf sie abzielen. Es ist insofern ein eigentümliches Merkmal, als der von dem intentionalen Zustand repräsentierte Gegenstand gar nicht tatsächlich existieren muß, um repräsentiert zu werden. Das Kind mag etwa glauben, daß an Heiligabend der Weihnachtsmann kommt, obwohl es den Weihnachtsmann nicht gibt.

Nicht alle Bewußtseinszustände sind intentional, und nicht alle intentionalen Zustände sind Bewußtseinszustände. So gibt es beispielsweise Gefühle der Angst oder der Gutgelauntheit, die zwar Bewußtseinszustände sind, die aber keine Antwort auf die Frage gestatten: »Wovor hast du Angst oder worauf bezieht sich deine gute Laune?« Dies sind nicht-intentionale Formen von Bewußtsein. Und natürlich gibt es viele Formen der Intentionalität, die keine Bewußtseinszustände sind. Überzeugungen und Wünsche, Hoffnungen und Befürchtungen habe ich auch, wenn ich fest schlafe. Von mir zu sagen, daß ich glaube, daß Bill Clinton Präsident der Vereinigten Staaten ist, ist auch dann zutreffend, wenn ich überhaupt nicht bei Bewußtsein bin. Diese Überzeugung existiert dann jedoch in einer unbewußten Form. Der Zustand hat dann immer noch seine Intentionalität, ist aber kein Bewußtseinszustand mehr.

Dennoch, auch wenn nicht alle Bewußtseinszustände intentional und nicht alle intentionalen Zustände Bewußtseinszustände sind, gibt es da eine wesentliche Verbindung: Wir verstehen Intentionalität nur mit Rückgriff auf Bewußtsein. Es gibt zwar viele intentionale Zustände, deren wir uns nicht bewußt sind, aber es ist für sie charakteristisch, daß wir uns ihrer potentiell bewußt sein könnten.

In den beiden folgenden Kapiteln werden wir die Struktur des Bewußtseins und die der Intentionalität erkunden.

3
Das Wesen des Geistes: Das Bewußtsein und seine Struktur

Naiv betrachtet, könnte man meinen, Bewußtsein wäre das bestverstandene Phänomen von allen. Sind wir denn nicht, solange wir wach sind und auch während wir träumen, immerzu in direktem Kontakt mit unserm eigenen Bewußtsein? Und was könnte einfacher sein als eine Beschreibung unserer eigenen Erlebnisse, deren wir uns bewußt sind? Dennoch, es erweist sich als nicht ganz so einfach. Wer versucht, sein Bewußtsein zu beschreiben, wird bemerken, daß er weitgehend folgendes tut: die Gegenstände und Ereignisse seiner unmittelbaren Umgebung beschreiben. Wenn die innerkörperlichen Empfindungen, Stimmungen, Emotionen und Gedanken beschrieben sind, beschreibt man die Inhalte des eigenen Bewußtseins dadurch, daß man Dinge beschreibt, die man bewußt wahrnimmt. Wenn Sie im Zimmer umherschauen und Stühle und Tische sehen, dann gibt es an Ihrem Bewußtsein nichts weiter zu beschreiben als die Stühle und Tische, die Sie sehen, und den Eindruck, den sie auf Sie machen. Selbst wenn Sie Gedanken beschreiben, deren Sie sich bewußt sind, und diese Gedanken von Gegenständen handeln, die nicht da sind, oder von Ereignissen, die in der Vergangenheit stattgefunden haben, dann wird das meiste, was Sie über Ihre Bewußtseinszustände zu sagen haben, von diesen abwesenden Gegenständen und von den vergangenen Ereignissen handeln. Das Bewußtsein zu beschreiben ist zum Teil deshalb schwierig, weil es selbst nicht in der Weise ein Beobachtungsgegenstand zu sein scheint, in der andere Dinge, wie zum Beispiel Stühle und Tische, Gegenstände der Beobachtung sind.

Die erste Schwierigkeit bei der Entwicklung einer Theorie des Bewußtseins entsteht aus der sonderbaren Beziehung, in der Bewußtsein zur Beobachtung steht. Wir können das Bewußtsein nicht in der Weise beobachten, in der wir Berge und

Ozeane beobachten können, weil der einzige Beobachtungskandidat der Beobachtungsakt selbst ist. Im Hinblick auf das Bewußtsein selbst läßt sich die Unterscheidung zwischen Beobachtung und beobachteter Sache nicht machen, die sich für andere Gegenstände der Beobachtung hingegen machen läßt. Daraus ergeben sich, wie wir sehen werden, wichtige Folgerungen für die Lehre von der Introspektion.

Eine zweite Schwierigkeit besteht darin, daß wir eine lange philosophische Tradition ererbt haben, die sich weigert, Bewußtsein als Teil der gewöhnlichen, natürlichen, »physischen« Welt zu behandeln, in der wir alle leben. Bewußtsein wird als etwas Geheimnisvolles betrachtet, etwas, das am Rande – oder oberhalb – der Welt angesiedelt ist, etwas, das für sich abseits der übrigen Natur und kein Bestandteil der gewöhnlichen physischen Welt ist. Auf der einen Seite die Dualisten: sie behandeln Bewußtsein als ein metaphysisch separates, nichtphysisches Phänomen. Auf der andern Seite die Materialisten: sie leugnen die Existenz des Bewußtseins als eines wirklichen und irreduziblen Phänomens und vertreten die Auffassung, es gebe in Wirklichkeit so etwas wie Bewußtsein nicht – etwas, das zu den in Dritte-Person-Terminologie beschriebenen »materiellen« oder »physischen« Vorgängen hinzukommt. Beides ist, wie ich in Kapitel 2 erläutert habe, nicht meine Position. Ich betone nachdrücklich, daß Bewußtsein ein irreduzibles Phänomen ist; deshalb wird meine Position nach Eigenschaftsdualismus klingen. Zugleich betone ich aber nachdrücklich, daß Bewußtsein ein gewöhnliches biologisches Phänomen wie Verdauung oder Photosynthese ist; und deshalb wird meine Position nach Materialismus klingen. So ist es vielleicht nicht überraschend, daß einige meiner Kommentatoren mich als einen Materialisten und andere als einen Dualisten charakterisiert haben. Der Ausweg aus diesem Zusammenprall von Standard-Positionen besteht, wie oftmals in der Philosophie, darin, *Begriffe* zu revidieren. Das Problem hat nichts mit der Zugänglichkeit der Tatsachen zu tun. Das Problem hat damit zu tun, welche Kategorien zur Beschreibung der Tatsachen wir übernommen haben. Einerseits haben wir das Modell des wissenschaftlichen Wissens als einem Wissen von der »physischen Welt«, und unserer philosophischen Tradition zufolge ist das Bewußtsein kein Teil der physischen Welt. Der Ausweg besteht, wie wir in Kapitel 2 gesehen haben, darin, diese Kategorien aufzugeben – insbesondere die Vorstellung aufzugeben, daß »geistig« und »physisch« Bezeichnungen für einander ausschließende Klassen sind. Wenn wir erst einmal sehen, daß Bewußtsein ein biologisches Phänomen wie jedes andere ist, dann können wir sehen, daß es natürlich in einem gewissen Sinne etwas vollständig »Materielles« ist. Es ist Teil unserer Biologie. Andererseits läßt sich Bewußtsein nicht auf irgendeinen Vorgang zurückführen, der aus physischen Phänomenen besteht, die sich ausschließlich in einer physischen Dritte-Person-Terminologie beschreiben lassen. Folglich sieht es so aus, als müßten wir den Materialismus ablehnen. Die Lösung besteht nicht darin, irgendwelche offenkundigen Tatsachen zu leugnen, sondern die Kategorien so zu verschieben, daß erkennbar wird, daß Bewußtsein zugleich vollständig materiell und irreduzibel geistig ist. Und das bedeutet, daß wir schlicht und einfach die traditionellen Kategorien des »Materiellen« und des »Geistigen«, wie sie in der von Descartes geprägten Tradition verwendet wurden, aufgeben sollten.

Drei Irrtümer über das Bewußtsein

Bevor ich versuchen werde, die Struktur des Bewußtseins zu beschreiben, möchte ich zunächst einmal einige Standardirrtümer über die Natur des Bewußtseins aufdecken und korrigieren, die in unserer philosophischen Tradition gewöhnlich begangen werden und in unserer philosophischen Kultur, wie es scheint, beinahe endemisch sind.

Erstens hat der subjektive Existenz-Modus von Bewußtsein viele Menschen zu der Ansicht geführt, wir müßten, was die Kenntnis unserer eigenen Bewußtseinszustände angeht, über eine besondere Art der Gewißheit verfügen. Descartes hat berühmtermaßen die Auffassung vertreten, daß wir über unsere Bewußtseinszustände absolute Gewißheit besitzen. Mit unsern Behauptungen über sie können wir uns nicht irren, und deshalb nennt man solche Behauptungen »unkorrigierbar« – was besagen soll: sie lassen sich aufgrund weiterer Anhaltspunkte nicht berichtigen. Dies scheint mir falsch zu sein. Zwar gibt es, wie ich schon dargelegt habe, in der Tat eine Asymmetrie zwischen der Zugangsweise, die ich zu meinen Bewußtseinszuständen habe, und der Zugangsweise, die jemand anders zu meinen Bewußtseinszuständen hat. Aber daraus folgt nicht, daß ich mich über meine eigenen Bewußtseinszustände nicht irren kann. Im Gegenteil, mir kommt es so vor, daß Menschen häufig irrige Urteile über ihre eigenen Bewußtseinszustände machen. Sie bestreiten, eifersüchtig zu sein, obwohl es jedem Beobachter deutlich ist, daß sie in Wirklichkeit eifersüchtig sind. Sie sagen, sie hätten die feste Absicht, das-und-das zu tun, obwohl es auch hier wiederum jedem außenstehenden Beobachter deutlich ist, daß sie diese Absicht nicht haben. Es gibt eine Reihe unterschiedlicher Dimensionen, in denen uns ein derartiger Irrtum widerfahren kann; vier davon möchte ich kurz erwähnen.

Selbstbetrug ist die erste Art, auf die wir uns über unsere eigenen Bewußtseinszustände irren können. Wir betrügen uns einfach über unsere eigenen Geisteszustände, weil es zu schmerzhaft wäre, unserer Eifersucht, Feindseligkeit, Schwäche usw. als dem zu begegnen, was sie sind. Wir weigern uns, unsere schändlichsten Gefühle und Einstellungen einzugestehen – sogar uns selbst gegenüber.

Ein philosophischer »Beweis« der Unmöglichkeit von Selbstbetrug läßt sich ohne Schwierigkeiten führen, doch da wir alle wissen, daß Selbstbetrug möglich *ist*, kann etwas mit dem Beweis nicht stimmen. Hier ist der Beweis: Damit A B über den Sachverhalt p betrügen kann, muß A glauben, daß p, und B absichtlich zu der Überzeugung bringen, daß nicht-p. Doch wenn A und B identisch sind, ist das unmöglich, weil A am Ende zugleich p und nicht-p glauben müßte, und das ist ein Widerspruch. Die Antwort auf diesen Beweis und die Auflösung des Paradoxes besteht im Hinweis darauf, daß Selbstbetrug unbewußte Geistesvorgänge verlangt. Man kann bewußt der Überzeugung sein und ernsthaft behaupten, man wolle das Rauchen aufgeben, während man zugleich unbewußt weiß, daß man es gar nicht vorhat. Das ist eben das Wesen des Selbstbetrugs. Man behauptet dann bewußt, daß p, und zugleich weiß man unbewußt, daß nicht-p; ja, man sträubt sich dagegen, daß man sich dessen, was man weiß (nämlich nicht-p), bewußt wird.

Mit dem Selbstbetrug verwandt und eine zweite Quelle des Irrtums über unsere eigenen Geisteszustände ist die Fehldeutung. Beispielsweise mag man in einem Moment der Gefühlsseligkeit ernsthaft meinen, es sei Liebe, aber anschließend erkennen, daß man seine Gefühle mißdeutet hat: Es war nur ein vorübergehendes Verknalltsein.

Eine dritte und meines Erachtens die üblichste Quelle des Irrtums über unsere eigenen Geisteszustände ist mit der zweiten verwandt. Viele unserer Geisteszustände sind begrifflich an unser in bestimmter Weise beschriebenes Verhalten gebunden. Wenn ich etwa sage, daß ich die feste und kategorische Absicht habe, das-und-das zu tun, nun aber nicht die geringste Neigung an den Tag lege, es zu tun, dann darf mit gutem Grund bezweifelt werden, daß meine Selbstzuschreibung jener Absicht korrekt war. Kurz, die Annahme ist falsch, es gebe eine saubere Trennung zwischen den sprachlichen Kategorien, die auf das Bewußtsein anwendbar sind, und denen, die auf das anschließende Verhalten anwendbar sind. Viele wichtige Begriffe des Geistigen – z. B. der des Beabsichtigens, des Entscheidens oder des Handelns – haben ein Bein in der Kategorie der Bewußtseinszustände und das andere in der Kategorie des anschließenden Verhaltens. Wir denken beispielsweise, wir hätten uns wirklich dazu entschlossen, mit dem Rauchen aufzuhören, abzunehmen, mehr zu arbeiten, ein Buch zu schreiben usw. – aber unser anschließendes Verhalten zeigt, daß wir uns geirrt haben.

Wenn ich die Handlung, ein Buch zu schreiben, absichtlich vollziehe, dann ist das natürlich eine Tätigkeit, die ich mit Bewußtsein ausführe; aber anders als der bloße Gedanke daran, ein Buch zu schreiben, hat sie jede Menge physischer Aspekte. Um damit beschäftigt zu sein, ein Buch zu schreiben, muß ich tatsächlich etwas tun: Mein Körper muß gewisse Arten von Bewegungen ausführen.

Ein vierter Typ von Irrtum über unsere eigenen Bewußtseinszustände ist die Unaufmerksamkeit – wir achten dann einfach nicht genau genug darauf, wie unser Bewußtsein sich entwickelt. Wir denken beispielsweise, wir hätten einen festen politischen Standpunkt, aber dann merken wir, daß sich, ohne daß wir es bemerkt hätten, unsere politischen Vorlieben im Laufe der Jahre verändert haben.

Es ist also falsch zu meinen, unsere Kenntnis von unsern eigenen Geisteszuständen sei gewiß und unkorrigierbar.

Ein zweiter Irrtum über das Bewußtsein, den wir in unserer philosophischen Tradition gerne begehen, hängt mit dem Unkorrigierbarkeitsirrtum zusammen und besteht in der Auffassung, Kenntnis über unsere Geisteszustände hätten wir dank eines besonderen Vermögens – einer Art innergeistigen Sehvermögens –, das »Introspektion« genannt wird. Wie das Wort selbst schon andeutet, sollen wir Introspektion gemäß dem Vorbild der visuellen Wahrnehmung verstehen. Wir denken uns, daß wir um unsere Bewußtseinszustände dank einem besonderen inneren Auge wissen. Wir »inspizieren ins Innere«, das heißt: wir richten das innere Auge auf unsere im Innern befindlichen Bewußtseinszustände, um sie zu beobachten. Dies scheint mir ebenfalls falsch zu sein, und es läßt sich ziemlich einfach sagen, weshalb es falsch ist. Das Modell der visuellen Wahrnehmung verlangt die Unterscheidung zwischen Wahrnehmungsakt und wahrgenommenem Gegenstand. Wenn ich den Stuhl da sehe, dann gibt es im Wahrnehmungsakt den Unterschied zwischen dem Stuhl und dem Wahrnehmungserlebnis, in dem ich den Stuhl wahrnehme. In Anwendung auf Erlebnisse selbst lassen sich diese Unterschiede nicht machen.

Wenn ich beispielsweise meinen Schmerz wahrnehme, dann kann ich nicht zwischen dem Schmerz und der Wahrnehmung des Schmerzes unterscheiden. Mit andern Worten, ich kann die Unterscheidung nicht machen, ohne die das Modell der visuellen Wahrnehmung nicht funktioniert: die Unterscheidung zwischen Wahrnehmungserlebnis und wahrgenommenem Gegenstand. Aus diesem Grund scheint die Annahme falsch, die visuelle Wahrnehmung stelle das richtige Modell zur Verfügung, um unsere Bewußtseinszustände und die Art, wie wir Kenntnis von ihnen haben, zu verstehen, nämlich als innere Wahrnehmung vermittels eines besonderen Vermögens namens »Introspektion«.

Der dritte in unserer philosophischen Tradition verbreitete Irrtum über das Bewußtsein – vielleicht der subtilste Fehler von allen – ist die Lehre, daß zu allen unseren Bewußtseinszuständen *Selbst-Bewußtsein* gehöre. Die Lehre, daß alle Bewußtseinszustände Zustände des Selbst-Bewußtseins seien, läßt sich auf zweierlei Weise interpretieren, und sie scheint mir in beiden Lesarten falsch. Die erste Interpretation besagt, daß ich mir – wann immer ich mir irgendeiner Sache bewußt bin – mir dessen bewußt bin, daß ich mir dieser Sache bewußt bin. Mir scheint: Tatsächlich verhält es sich nicht so. Oft denke ich, wenn ich an irgendeine Sache denke, einfach an diese Sache; und ich denke dann nicht daran, daß ich an sie denke. Nicht jeder Bewußtseinszustand muß ein Gewahrsein zweiter Stufe haben: das Subjekt muß sich nicht dessen gewahr sein, daß es sich in dem Bewußtseinszustand befindet. Eine weitere – und wirklich ganz andere – Interpretation der Lehre vom Selbst-Bewußtsein besagt, daß jeder Bewußtseinszustand ein intentionales Objekt seiner selbst ist. Demzufolge müßte beispielsweise, wenn ich aus dem Fenster auf den Pazifik schaue, diese Wahrnehmung selbst ein Teil des Gegenstands meiner Wahrnehmung sein. Ich müßte von der Wahrnehmung ein Gewahrsein zweiter Stufe haben, das zu meiner Wahrnehmung der wahrgenommenen Gegenstände noch hinzukommt. Das halte ich ebenfalls für falsch. Zwar gibt es tatsächlich Fälle, in denen ich meine Aufmerksamkeit auf den Wahrnehmungsakt und nicht auf den wahrgenommenen Gegenstand konzentriere. Von den Malern des Impressionismus wird oft gesagt, sie hätten beim Malen ihre Aufmerksamkeit auf ihre Erlebnisse von Gegenständen gerichtet und nicht auf die Gegenstände selbst. Solche Fälle treten zwar auf, aber es gehört nicht zur Definition – nicht zum eigentlichen Begriff – des bewußten Wahrnehmens, daß ein Selbst-Bewußtsein dieses Schlags jedesmal mit im Spiel ist.

Strukturmerkmale des Bewußtseins

Was bisher in diesem Kapitel dargelegt wurde, muß als hauptsächlich negativ erscheinen. Vornehmlich ging es mir darum, vielerlei dazu zu sagen, was Bewußtsein nicht ist. Jetzt möchte ich einiges dazu sagen, was Bewußtsein ist. Das Beste ist es vielleicht, wenn ich einfach eine Liste wichtiger Merkmale des Bewußtseins aufstelle, und dabei werde ich mich der Kürze halber auf die zehn hervorstechendsten beschränken.

1. Auf das wichtigste Merkmal von Bewußtsein habe ich schon hingewiesen; es ist die *ontologische Subjektivität*. Jeder Bewußtseinszustand existiert nur als ein von einem Subjekt erlebter. Darauf wollten Philosophen seit vielen Generationen mit ihren Versuchen hinaus, den Sondercharakter von Bewußtsein zu beschreiben. Genau dieses Merkmal des Bewußtseins hat in vielen Materialisten den Wunsch erweckt, die Existenz von Bewußtsein (im gewöhnlichsten Sinn des Worts) zu leugnen. Genau dieses Merkmal macht es so über die Maßen schwer, Bewußtsein in unser wissenschaftliches Gesamtbild der Welt einzupassen.

2. Ein zweites für unser Verständnis von Bewußtsein absolut entscheidendes Merkmal ist dies: Bewußtsein bietet sich uns als *etwas Einheitliches* dar. Das Drücken des Schuhs, den Gedanken an ein philosophisches Problem, den Verkehrslärm im Hintergrund, den Anblick der Hügel da drüben – all das

nehme ich nicht bloß wahr, sondern habe all diese Erlebnisse als Teile eines einzelnen einheitlichen Erlebnisses. Die Fähigkeit, all die unterschiedlichen Reize, die über die Sinnesnerven in meinen Körper gelangen, miteinander zu verbinden und sie zu einem einheitlichen, kohärenten Wahrnehmungserlebnis zu vereinigen – diese Fähigkeit ist ein bemerkenswertes Vermögen des Gehirns; und gegenwärtig wissen wir nicht, wie das Gehirn das macht. Neurobiologisch gesehen ist es eine bemerkenswerte Tatsache, daß die enorme Vielfalt an Reiz-Inputs, die das Gehirn empfängt, in ein einzelnes, einheitliches bewußtes Erlebnis umgewandelt werden. Man denke an die Reizung des optischen Systems durch die Attacke der Photonen auf die Photorezeptorzellen, wenn ich etwas sehe; die der peripheren Nervenenden des somatosensorischen Systems, wenn ich etwas berühre; die des olfaktorischen und des auditorischen Systems, die durch äußere Irritationen hervorgebracht werden. Diese Einheit widerlegt mehr als alles andere die Auffassung, es gebe in Wirklichkeit verschiedene Arten von Bewußtsein oder verschiedene Bedeutungen des Wortes »Bewußtsein«. Zwar gibt es in der Tat einen Unterschied zwischen Denken und Fühlen, aber das Bemerkenswerte am Bewußtsein ist, daß Denken und Fühlen zur gleichen Zeit im selben Bewußtseinsfeld stattfinden. Ich denke in diesem Moment über philosophische Probleme nach und gleichzeitig verspüre ich einen leichten Schmerz in meinem Zeh. Das sind zwar zwei verschiedene Bewußtseinszustände, aber sie gehören ein und demselben einheitlichen Bewußtseinsfeld an – einem umfassenden bewußten Erlebnis.

Die Einheit des Bewußtseins gibt es, so scheint es, in zweierlei Form. Erstens gibt es das, was wir vielleicht »vertikale« Einheit nennen können: Alle unsere Bewußtseinzustände sind zu jedem Zeitpunkt in einem einzelnen einheitlichen Bewußtseinsfeld vereinigt. Die Erhaltung unserer Erlebnisse durch die Zeit verlangt jedoch zumindest ein minimales Kurzzeitgedächtnis. Ich könnte mir keines zusammenhängenden Gedankens bewußt sein, wenn nicht sowohl der Anfang als auch das

Ende des Gedankens einem einzelnen, einheitlichen Bewußtseinsfeld angehörten, dessen Einheitlichkeit das Gedächtnis stiftet. Platt gesagt, ohne Gedächtnis kein organisiertes Bewußtsein. Dieses Merkmal könnten wir »horizontale«, im Gegensatz zur vertikalen, Einheit nennen. Wenn wir uns die Zeit als horizontal von links nach rechts verlaufend vorstellen, dann können wir (im Rahmen dieser Metapher) sehen, daß horizontale Einheit etwas anderes ist als die gleichzeitige vertikale Einheit unseres Bewußtseinsfelds.

Eine der besten Methoden, das Bewußtsein zu erforschen, besteht darin, seine Pathologie zu erforschen: Fälle, in denen die Einheit nicht zustande kommt. Derartige Fälle gescheiterter Einheit gibt es sowohl in der horizontalen als auch in der vertikalen Dimension. Bei den sogenannten Split-Brain-Patienten kommt vertikale Einheit nicht zustande. Patienten mit Hirnschädigungen, die Defizite des Kurzzeitgedächtnisses und des ikonischen Gedächtnisses hervorrufen, liefern Beispiele des Nichtzustandekommens horizontaler Einheit.

Die Split-Brain-Patienten liefern die spektakulärsten Beispiele dafür, wie Einheit des Bewußtseins nicht zustande kommt. Diesen Patienten, die an besonders schweren Formen der Epilepsie leiden, wurde das Corpus callosum durchtrennt, eine Faserverbindung, die zwischen den beiden Hirnhälften besteht. Das Resultat ist, daß sie zwei voneinander unabhängige Zentren des Bewußtseins zu haben scheinen, die miteinander nur unvollkommen kommunizieren. Ein typisches Experiment geht so: Einem Split-Brain-Patienten wird ein Löffel so gezeigt, daß er ihn dem linken Auge, das mit der rechten Hirnhälfte verbunden ist, sehen kann; und er wird nun gefragt, was er sieht. Sein Sprachvermögen ist in der rechten Hirnhälfte, und mit der rechten Hälfte seines Gehirns gibt er die ernsthafte Antwort: »Ich sehe nichts.« Mit seiner linken Hand, die von der rechten Hirnseite, die den Löffel sieht, gesteuert wird, greift er dann erfolgreich nach dem Löffel. Inzwischen gibt es sehr viele Fälle dieser Art, so daß an der Zuverlässigkeit der klinischen Daten kein Zweifel besteht.[26] Bei diesen Patienten kommt vertikale Einheit nicht zustande.

Es gab ebenfalls viele Experimente, die gezeigt haben, daß bei Patienten mit gewissen Arten von Hirnschädigungen eine geordnete Abfolge von Bewußtseinszuständen nicht möglich ist, weil sie die Fähigkeit verloren haben, ihre Erlebnisse mit Hilfe des Gedächtnisses zu organisieren. Ein typisches Beispiel liefert der Patient mit dem Korsakov-Syndrom, der einem Arzt vorgestellt wird und ein kurzes Gespräch mit ihm hat. Der Arzt verläßt dann kurz das Zimmer; wenn er wieder ins Zimmer kommt, erkennt der Patient ihn nicht. Das Gedächtnis des Patienten reicht nicht aus, um die laufende Abfolge seiner Bewußtseinszustände zu organisieren.[27]

Im nächsten Abschnitt werde ich mehr zur Einheit des Bewußtseinsfelds sagen.

3. Das für unser Überleben in der Welt wichtigste Merkmal von Bewußtsein ist, daß Bewußtsein uns Zugang zu der Welt außerhalb unserer eigenen Bewußtseinszustände gibt. Dies tut es in zweierlei Modus: im kognitiven Modus, in dem wir repräsentieren, wie die Dinge sind, und im volitiven oder konativen Modus, in dem wir repräsentieren, wie wir die Dinge gerne hätten oder wie wir sie zu machen versuchen. Auf diese Modi werde ich im nächsten Kapitel detaillierter eingehen, an dieser Stelle möchte ich jedoch nur darauf aufmerksam machen, daß Bewußtsein wesentlich mit *Intentionalität* verknüpft ist. Es gibt viele unbewußte intentionale Zustände und viele Bewußtseinszustände, die nicht intentional sind, aber dennoch gibt es zwischen Bewußtsein und Intentionalität eine wesentliche Verbindung in folgender entscheidender Hinsicht: Wird jemandem ein Geisteszustand zugeschrieben, dann wird ihm damit entweder ein Bewußtseinszustand zugeschrieben oder ein Zustand, der ihm bewußt sein könnte. Wenn ich also beispielsweise über Jones sage: »Er glaubt, daß Clinton Präsident der

26 Michael Gazzaniga, *The Social Brain*, New York 1985.

27 Daniel Schacter, *Wir sind Erinnerung*, Reinbek 1999 (engl: *Searching for Memory*, New York 1996).

Vereinigten Staaten ist«, dann kann ich das das auch dann sagen, wenn Jones jetzt gerade fest schläft. Was ich ihm dann allerdings hier und jetzt zuschreibe, ist hier und jetzt keine bewußte Überzeugung, daß Clinton Präsident ist, sondern vielmehr ein Hirnvermögen, das Jones in die Lage versetzt, die bewußte Überzeugung zu haben, daß Clinton Präsident ist. Es gibt sehr viele »unbewußte Geisteszustände«, aber ein unbewußter Zustand ist nur kraft dessen ein *Geistes*zustand, weil er es im Prinzip vermag, einen Bewußtseinszustand hervorzurufen. »Im Prinzip« muß ich sagen, weil es sein kann, daß ein unbewußter Zustand wegen einer Hirnschädigung, aufgrund von Verdrängung oder aus andern Gründen *de facto* dem Bewußtsein nicht zugänglich ist. Aber solche Zustände müssen Dinge von der Art sein, von denen man Bewußtsein haben kann.

4. Ein wichtiges Merkmal von Bewußtsein ist es, wie mir scheint, daß uns alle unsere Bewußtseinszustände in der einen oder andern *Stimmung* gegeben sind. Wir sind immer in irgendeiner Stimmung, auch wenn sie keinen Namen wie »Hochstimmung« oder »Niedergeschlagenheit« hat. In diesem Moment bin ich zum Beispiel weder besonders hochgestimmt noch besonders niedergeschlagen; ja, ich bin nicht einmal einfach nur »blah«. Dennoch gibt es etwas an meinen Erlebnissen, das man vielleicht als ihre »Tönung« bezeichnen könnte. Diese Tönung meine ich, wenn ich von Stimmung spreche. Jeder Bewußtseinszustand, in dem man sich befinden kann, hat immer eine Art Färbung an sich. Dies wird bei einem dramatischen Wechsel klar. Wenn ich plötzlich sehr schlechte Neuigkeiten erfahre und dadurch in einen Zustand der Niedergeschlagenheit versetzt werde (oder außerordentlich gute Neuigkeiten, die mich in Hochstimmung versetzen), dann wird mir mein Stimmungswechsel intensiv bewußt.

5. Das fünfte Merkmal von Bewußtseinszuständen ist, daß sie – von pathologischen Formen abgesehen – immer *strukturiert* sind. Die Beispiele, die das am dramatischsten belegen, kommen aus der Gestaltpsychologie. Unter anderem weisen

sie darauf hin, daß das Gehirn einen Reiz-Input selbst dann zu einer kohärenten Figur strukturiert, wenn er sehr entstellt ist. Im Falle der visuellen Wahrnehmung liegt dies auf der Hand, aber ich denke, es trifft auch auf die andern Wahrnehmungsmodalitäten und auf das Bewußtsein im allgemeinen zu: Wir strukturieren unsere bewußten Erlebnisse zu kohärenten Ganzheiten.

Betrachten wir folgendes Beispiel:

Die tatsächlich auf dem Papier vorhandenen Linien sehen eigentlich nicht wie ein menschliches Gesicht aus, aber das Gehirn strukturiert den Reiz-Input so, daß Sie sie *als* ein menschliches Gesicht *sehen*.

In Wirklichkeit hat die Gestalt-Struktur zwei Aspekte. Der eine Aspekt ist die Strukturierung unserer Erlebnisse zu Ganzheiten; der andere ist hingegen unser Erleben jedes beliebigen intentionalen Gegenstands als einer Figur vor einem Hintergrund. So sehe ich jetzt beispielsweise das Buch vor dem Hintergrund des Schreibtischs. Den Schreibtisch sehe ich vor dem Hintergrund des Fußbodens, den Fußboden vor dem Hintergrund des Zimmers, bis ich den Horizont meines bewußten Erlebens erreiche.

6. Das sechste Merkmal von Bewußtsein ist, daß es in variierenden Graden der *Aufmerksamkeit* auftritt. In jedem bewußten Erlebnis müssen wir innerhalb des Bewußtseinsfelds das Zentrum von der Peripherie unserer Aufmerksamkeit unterscheiden, und typischerweise können wir willentlich die

Richtung unserer Aufmerksamkeit verändern. Beispielsweise kann ich jetzt meine Aufmerksamkeit auf den Computer-Bildschirm vor mir richten und den Druck des Stuhl auf meinen Körpers außer acht lassen. Es ist strenggenommen nicht so, daß ich *gar kein Bewußtsein* vom Druck des Stuhls auf meinen Körper habe; es ist nur so, daß er an der Peripherie meines Bewußtseins ist. Daß Peripherie-Bewußtsein nicht dasselbe ist wie fehlendes Bewußtsein, zeigt sich daran, daß ich meine Aufmerksamkeit vom Bildschirm weg auf den Druck des Stuhls auf meinen Körper richten und somit das ins Zentrum rücken kann, was zuvor an der Peripherie war. Die Metapher vom Suchscheinwerfer ist hier fast unwiderstehlich. Aufmerksamkeit ist wie ein Licht, das ich auf verschiedene Teile meines Bewußtseinsfelds richten kann.

7. Ein siebtes Merkmal unserer Bewußtseinszustände hängt mit dem sich aus den variierenden Graden unserer Aufmerksamkeit ergebenden Unterschied zwischen Zentrum und Peripherie zusammen, ist aber nicht dasselbe: Bewußtseinszustände bringen typischerweise *ein Gefühl ihrer eigenen Situiertheit* mit sich. Dieses Merkmal nenne ich die *Randbedingungen* des Bewußtseins. Jeder unserer Bewußtseinszustände bringt ein Gefühl unserer eigenen Position in Raum und Zeit mit sich, obwohl diese Lage selbst kein intentionaler Gegenstand unseres Bewußtseins ist. So bin ich beispielsweise dessen gewahr, in welcher Jahreszeit, in welchem Land und in welcher Stadt ich mich gerade befinde, ob ich (oder ob ich nicht) gerade gefrühstückt oder gerade zu Abend gegessen habe. In ähnlicher Weise bin ich dessen gewahr, wer ich bin und Staatsbürger welchen Landes ich bin.

Wie bei so vielen Bewußtseinsmerkmalen ist es auch bei den Randbedingungen des Bewußtseins wiederum die naheliegendste Untersuchungsmethode, sich die pathologischen Fälle anzuschauen. In manchen Fällen beinahe schwindelerregender Desorientierung erinnert man sich plötzlich nicht mehr, welcher Monat ist oder wo man sich befindet.

8. Das nächste Merkmal unserer bewußten Erlebnisse ist,

daß wir sie in variierenden Graden der *Vertrautheit* haben. Wir erleben Dinge in einem Kontinuum, in einem Spektrum, das vom höchst Vertrauten bis zum höchst Seltsamen reicht. Wenn ich in mein Zimmer trete, erlebe ich die Dinge darin als gewöhnliche Gegenstände. Ja, selbst wenn ich in einer für mich extrem fremden Umgebung, einem Dschungel oder einem Dorf in einer abgelegenen Gegend der Welt, bin, und selbst wenn die Häuser und Menschen dort für mich auch noch so seltsam aussehen: das da sind immer noch Häuser, sind immer noch Wohnstätten, und die Menschen sind immer noch Menschen. Surrealistische Maler versuchen dieses Gefühl des Vertrauten außer Kraft zu setzen, aber selbst die Frau mit den drei Köpfen im surrealistischen Gemälde ist immer noch eine Frau, und die zerfließende Uhr ist immer noch eine Uhr. Es ist sehr schwer, den Vertrautheitsaspekt unserer bewußten Erlebnisse außer Kraft zu setzen, und dies ergibt sich aus Tatsachen, die die Intentionalität betreffen: daß nämlich alle mentale Repräsentation unter einem Aspekt statthat. Die Aspekte, unter denen wir Dinge als Häuser, Stühle, Menschen, Autos usw. wahrnehmen, sind uns vertraute Aspekte. Vertrautheit ist ein skalares Phänomen; es gibt ein Mehr und ein Weniger des Vertrautseins, mit dem wir Dinge erleben.

9. Es ist für unsere Bewußtseinszustände charakteristisch, daß sie typischerweise über sich selbst hinaus verweisen. Niemals haben wir einfach bloß ein isoliertes Erlebnis, sondern es streckt sich über sich selbst hinaus nach anderen Erlebnissen. Jeder Gedanke, den wir haben, erinnert uns an einen andern Gedanken. Jeder Anblick, der sich uns bietet, birgt einen Bezug auf Dinge, die wir nicht sehen. Dieses Merkmal nenne ich das *Überfließen*. Wenn ich jetzt aus meinem Fenster schaue, sehe ich Häuser und Menschen, und ich sehe sie im Zusammenhang meines vorangegangenen Erlebens. Sofort sind meine Gedanken in einen Gang gesetzt: Wer sind diese Leute? An welche andern Häuser, die ich gesehen habe, erinnern mich diese Häuser? Und aus diesen Gedanken fließen andere.

10. Bewußtseinszustände sind immer in einem gewissen

Maße *angenehm* oder *unangenehm*. Bei jedem bewußten Erlebnis läßt sich immer fragen: Hat es dir gefallen? Hat es dir Spaß gemacht? Warst du glücklich, unglücklich, gelangweilt, amüsiert, verärgert, wütend, angeekelt, hast du dich gut unterhalten, oder war es dir einfach egal? Die Angenehm/Unangenehm-Dimension ist, wie die der Vertrautheit, eine skalare Dimension. Bewußte Erlebnisse sind in einer Skala unterschiedlicher Grade von Angenehm- und Unangenehmsein angeordnet. Und natürlich kann ein und dasselbe bewußte Erlebnis zugleich angenehme und unangenehme Aspekte enthalten.

Das Bewußtseinsfeld und das Bindungsproblem

In diesem Kapitel habe ich bisher so geredet, als setze sich die Gesamtheit des Bewußtseins zu jedem beliebigen Zeitpunkt aus den in ihm befindlichen Stücken zusammen. Sich eine Gesamtheit als aus ihren Elementen zusammengesetzt vorzustellen, ist bei der Beschäftigung mit andern Problemen eine so nützliche und uns natürliche Denkweise, daß uns gar nicht auffällt, in welchem Maße sie unangemessen sein kann, wenn es um das Bewußtsein geht. Wenn man sich das Bewußtsein, das eigene momentane Bewußtseinsfeld zum Beispiel, als aus den verschiedenen Bestandteilen zusammengesetzt vorstellt – aus der Wahrnehmung der Stuhls da drüben; aus dem Gefühl, das das Hemd am Rücken hervorruft; aus dem Anblick der Bäume und des Himmels da draußen; aus dem Geräusch des Luftzugs, der ins Zimmer kommt –, dann steht man vor einer Reihe schwieriger Probleme. Das berühmteste darunter ist das Problem, das ich im vorigen Abschnitt erwähnt habe: Wie kann das Gehirn all diese verschiedenen Elemente zu einem einzelnen, vereinigten, bewußten Erlebnis verbinden? Dieses Problem ist in der Neurobiologie als das Bindungsproblem bekannt und wurde zumeist im Hinblick auf die visuelle Wahrnehmung diskutiert. Wie bindet das visuelle System, das auf Farben, Linien, Kanten usw. spezialisierte Elemente hat, all diese disparaten

Inputs zu einem vereinigten visuellen Erlebnis eines Gegenstands (wie des Tischs da vorne) zusammen? Doch das Problem ist allgemeiner; es geht auf Kant zurück, der richtig sah, daß es das Bewußtsein im allgemeinen betrifft, und es war Kant, der diesem Phänomen den unattraktiven Namen »transzendentale Einheit der Apperzeption« gab.

Doch vielleicht denken wir in den gegenwärtigen Diskussionen zum Bindungsproblem in der falschen Weise über das Bewußtsein. Es gibt keinen guten Grund für die Annahme, daß die Einheit des Bewußtseins eine Sache des Kombinierens von Elementen ist, daß Bewußtsein – wie ein Auto oder ein Haus – aus einer Menge separater Bestandteile zusammengesetzt ist. Versuchen wir einmal, anders an die Sache heranzugehen. Wir setzen nicht bei meinem momentanen Bewußtseinszustand an, der durch vollständige Wachheit und Aufmerksamkeit gekennzeichnet ist, sondern stellen uns statt dessen vor, daß ich in einem dunklen Zimmer, in dem kein Geräusch zu hören ist, allmählich wach werde. Nehmen wir an, daß ich allmählich in einen Zustand gelange, in dem ich völlig wach bin, aber keine Wahrnehmungserlebnisse irgendeiner Art habe. Im Zimmer herrscht völlige Dunkelheit und Stille. Ich schmecke und rieche nichts. Ich kann meine Aufmerksamkeit auf das Gewicht richten, mit dem mein Körper sich in das Bett drückt, oder auf die Lage meiner einzelnen Gliedmaßen. Doch abgesehen davon besteht mein Bewußtsein in einem Bewußtseinsfeld, das nur mit der Abfolge meiner bewußten Gedanken angefüllt ist. Nun, für ein derartiges Bewußtsein scheint sich ein Bindungsproblem nicht in derselben Weise zu stellen wie zuvor. Man denke sich mein Bewußtsein so, daß es als ein leeres Feld zu mir kommt; die Frage, wie die verschiedenen Elemente miteinander verbunden sind, stellt sich dann nicht. Das Bewußtsein kommt sozusagen schon gebunden; das Binden ist gratis. Wenn ich nun aufstehe, Licht mache, das Radio anstelle, meine Zähne putze usw., dann ist man verlockt zu denken, daß verschiedene Erlebnisse auf diesem Feld aufzutreten beginnen. Und die Theater-Metapher ist beinahe unvermeidlich. Wir denken uns das Bewußtsein dann als eine Art Bühne oder Proszenium, auf der (bzw. dem) die verschiedenen Figuren als Bewußtseinselemente auftreten. Doch wiederum bin ich der Meinung, daß dies nicht genau die richtige Art ist, sich das Bewußtsein vorzustellen. Zunächst einmal ist der Homunculus-Fehlschluß – die falsche Unterstellung, daß ein kleiner Mensch in meinem Kopf all meine Erlebnisse hat – fast unvermeidlich, wenn wir uns unser Bewußtsein als eine Bühne denken, auf der die verschiedenen Erlebnisse auftreten: denn wer sollte die Darsteller auf der Bühne wahrnehmen, wenn nicht ein Homunculus?

Wir wollen einmal versuchen, der Feld-Metapher genauer nachzugehen. Wenn wir uns mein Bewußtsein als eine offene Prärie denken, dann sind die Veränderungen meiner Bewußtseinszustände eher wie Senken und Erhebungen, die in der Prärie auftauchen. Verschiebungen und Veränderungen in der Feldstruktur sind meines Erachtens die richtigen Metaphern, wenn es darum geht, den Erlebnis-Fluß unseres Bewußtseins zu verstehen. Wenn wir uns nun das Bewußtsein in dieser Weise als ein weites Feld vorstellen und die einzelnen Perzepte, Gedanken, Erlebnisse usw. als Variationen und Modifikationen in der Struktur des Felds, dann stellt sich uns nicht genau dasselbe Bindungsproblem, mit dem wir es vorher zu tun hatten. Die Frage, wie Bewußtsein zu einer Einheit wird, stellt sich nicht. Etwas Einheitliches ist es von Anfang an per definitionem. Nichts, das nicht Teil eines einheitlichen Bewußtseinsfelds ist, wäre bewußt. Hier gibt es somit nicht zwei Fragen – Wie erzeugt das Gehirn Bewußtsein? Und wie wird es zu einer Einheit? –, sondern nur eine einzige. Eine Antwort auf die Frage, wie das Gehirn Bewußtsein verursacht, ist bereits eine Antwort auf die Frage, wie es ein einheitliches Bewußtsein erzeugt.

Das Bindungsproblem für bestimmte Wahrnehmungsmodalitäten bleibt bestehen. Wie werden die verschiedenen Wahrnehmungsinputs zu dem Erlebnis eines bestimmten Gegenstands verbunden? Aber ein umfassendes Bindungsproblem, das die Struktur des Bewußtseins im allgemeinen betrifft, gibt es nicht mehr, weil Bewußtsein uns per definitionem als eine Einheit gegeben ist.

Dies läßt sich noch besser verstehen, wenn wir an die Split-Brain-Patienten zurückdenken. Wenn wir sie uns als Menschen denken, die zwei Bewußtseinszentren haben, dann denken wir uns nicht ein einzelnes Bewußtsein, das auseinandergebrochen ist, sondern wir denken uns vielmehr zwei separate, in sich einheitliche Bewußtseinsfelder. Undenkbar ist, daß es ein Bewußtseinselement gibt, das nicht in die Einheit eingebunden ist. Das heißt, es ist undenkbar, daß meine Bewußtseinszustände sich mir als eine gleichzeitige Folge unzusammenhängender Elemente darbieten, denn wenn all diese Elemente zur gleichen Zeit Teil meines bewußten Gewahrseins wären, dann gehörten sie alle zu einem einzelnen Bewußtseinsfeld. Wenn wir uns hingegen beispielsweise siebzehn Elemente denken, deren jedes eine separate Existenz hat, dann denken wir uns nicht ein Bewußtsein mit siebzehn Elementen, sondern siebzehn separate Bewußtseine. Meine Schlußfolgerung ist also, daß zur Beschreibung der Struktur von Bewußtsein die Feld-Metapher besser ist als die Elementzusammenfügungs-Metapher, die in andern Bereichen der wissenschaftlichen und philosophischen Analyse so gute Dienste geleistet hat.

Bewußtsein und Wert

Jeder Versuch, Bewußtsein zu beschreiben, jeder Versuch zu zeigen, wie Bewußtsein sich in die Welt insgesamt einfügt, kommt mir immer unangemessen vor. Wir lassen dabei unberücksichtigt, daß Bewußtsein nicht einfach nur ein wichtiges Merkmal der Wirklichkeit ist. In gewissem Sinn ist es *das* wichtigste Merkmal der Wirklichkeit, weil alles andere nur in Beziehung zum Bewußtsein Wert, Wichtigkeit, Bedeutung oder Nutzen hat. Wenn das Leben, die Gerechtigkeit, die Schönheit und die Fortpflanzung Wert für uns haben, dann haben sie das nur für uns als Lebewesen mit Bewußtsein. In öffentlichen Diskussionen werde ich häufig aufgefordert zu sagen, warum ich Bewußtsein für wichtig halte; jede Antwort, die ich geben kann, ist kläglich unangemessen, weil alles, was wichtig ist, nur in Beziehung zum Bewußtsein wichtig ist. Wenn es darum geht, mit der Welt zurechtzukommen, dann ist die wesentliche Verbindung mit der Intentionalität das wichtige Merkmal von Bewußtsein; und im nächsten Kapitel wenden wir uns der Struktur von Intentionalität zu.

4
Wie der Geist funktioniert: Intentionalität

Unsere Erörterung zum Thema Geist hat sich bisher zumeist auf das Bewußtsein konzentriert, und dadurch könnte der Eindruck entstehen, der Geist sei seinem Wesen nach eine in sich geschlossene Arena der Subjektivität. Aber ganz im Gegenteil, es ist die primäre evolutionäre Rolle des Geistes, uns in gewissen Weisen zu unserer Umgebung, und insbesondere zu andern Menschen, in Beziehung zu setzen. Meine subjektiven Zustände setzen mich zur übrigen Welt in Beziehung, und der Name dieser Beziehung ist »Intentionalität«. Zu diesen subjektiven Zuständen gehören Überzeugungen und Wünsche, Absichten und Wahrnehmungen, aber auch Liebe und Haß, Befürchtungen und Hoffnungen. »Intentionalität«, um es zu wiederholen, ist die Allgemeinbezeichnung für all die verschiedenen Formen, in denen der Geist von Gegenständen und Sachverhalten handeln oder auf sie gerichtet sein kann.

»Intentionalität« ist ein ungeschicktes Wort, und wie viele ungeschickte Wörter in der Philosophie verdanken wir es deutschsprachigen Philosophen. Das Wort legt nahe, Intentionalität (im Sinne von Gerichtetheit) müsse immer eine Verbindung zum Intendieren, also zum Beabsichtigen, haben. Wir dürfen jedoch nicht vergessen, daß das Intendieren oder Beabsichtigen nur eine Form von Intentionalität unter vielen ist.

Bewußtsein und Intentionalität

Welche Beziehung besteht zwischen Bewußtsein und Intentionalität? Im vorigen Kapitel erwähnte ich, daß nicht alle intentionalen Zustände Bewußtseinszustände und nicht alle Bewußtseinszustände intentional sind. Doch daß Bewußtsein und Intentionalität einander überlappen, ist nicht zufällig. Folgender Zusammenhang besteht da: Hirnzustände, die keine Bewußtseinszustände sind, lassen sich nur in dem Maße als *Geistes*zustände verstehen, indem sie sich als etwas verstehen lassen, das im Prinzip Bewußtseinszustände zustande kommen lassen kann. Meine Überzeugung, daß Clinton Präsident der Vereinigten Staaten ist, kann ein Bewußtseinszustand oder ein unbewußter Zustand sein. Man kann beispielsweise auch dann zutreffenderweise von mir sagen, daß ich diese Überzeugung habe, wenn ich fest schlafe. Aber welche Tatsache entspricht dieser Behauptung, wenn ich völlig ohne Bewußtsein bin? Die einzigen unter diesen Umständen wirklich vorhandenen Tatsachen sind solche, in denen es um rein neurobiologisch beschreibbare Zustände meines Gehirns geht. Welche Tatsache, die von solchen Hirnzuständen handelt, macht diese Hirnzustände zu meiner unbewußten Überzeugung, daß Clinton Präsident ist? Die einzige Tatsache, die sie zu einem Geisteszustand machen könnte, ist, daß sie im Prinzip in der Lage sind, diesen Zustand in einer Form zu verursachen, in der er ein Bewußtseinszustand ist. Der unbewußte Geisteszustand ist, selbst wenn er unbewußt ist, etwas der Art, das mir bewußt sein könnte. »Im Prinzip« muß ich hinzusetzen, weil wir beachten müssen, daß es Zustände aller Art gibt, bei denen es sein kann, daß die betreffende Person sie sich aufgrund von Verdrängung, Hirnschädigung usw. nicht zu Bewußtsein bringen kann. Wenn es sich jedoch um einen wirklich unbewußten *Geistes*zustand handelt, dann muß er zumindest ein Zustand sein, der ein Bewußtseinszustand sein könnte. Wir müssen demnach unterscheiden zwischen *nicht-bewußten* Hirnzuständen (wie z. B. die Absonderung des Neurotransmitters Noradrenalin in den synaptischen Spalt) und *unbewußten* Geisteszuständen, die im Gehirn realisiert sind (wie z. B., während ich schlafe, meine Überzeugung, daß Clinton Präsident ist). Wenn ich aber vollständig ohne Bewußtsein bin, welche von solchen nichtbewußten Zuständen handelnde Tatsache macht dann manche von ihnen zu Geisteszuständen? Die einzige Antwort lautet:

Gewisse nicht-bewußte Hirnzustände sind in der Lage, bewußte Geistesphänomene zu verursachen.

Eine Analogie wird helfen, diesen Punkt klarzumachen. Wenn ich meinen Computer abschalte, verschwinden auf dem Bildschirm sämtliche Wörter und Bilder. Aber wenn ich keinen schrecklichen Fehler mache, hören sie nicht auf zu existieren. Vielmehr bleiben sie auf der Festplatte in Form von magnetischen Spuren gespeichert. Welche Tatsache, die solche Magnetspuren betrifft, macht manche zu Wörtern und Bildern? In der Form von Wörtern und Bildern gibt es sie dann ja nicht. Selbst mit einem noch so starken Vergrößerungsglas kann ich auf der Festplatte keine Wörter und Bilder sehen. Die Tatsache, daß es sich immer noch um Wörter und Bilder handelt, ist dadurch konstituiert, daß die Magnetspuren sich in Wörter und Bilder konvertieren lassen, sobald der Computer angeschaltet wird. Das ist auch dann immer noch wahr, wenn ich sie faktisch nicht konvertieren kann, weil die Zentraleinheit kaputt ist oder dergleichen. Der Computer ist nicht wie ein Aktenschrank, auch wenn die Aktenschrank-Metapher häufig benutzt wird, um Computer zu beschreiben. Wenn ich meine Texte und Bilder in den Aktenschrank lege, behalten sie genau ihre ursprüngliche Form bei. Doch unsere unbewußten Geisteszustände sind nicht wie die Texte und Bilder im Aktenschrank, immer noch in ihrer makellosen ursprünglichen Form; vielmehr sind sie wie die Wörter und Bilder im Computer, wenn sie nicht auf dem Bildschirm sind. Solche Geisteszustände haben eine ganz und gar andere, nicht-geistige, nicht-bewußte Form, aber sie sind trotzdem unbewußte *Geistes*zustände, die in der Lage sind, kausal aktiv zu sein und zwar so, daß diese Aktivitäten denen von bewußten Geisteszuständen ähnlich sind. Aber zu dieser Zeit sind sie unbewußt und da gibt es weiter nichts als neurobiologische Zustände und Prozesse, die sich rein neurobiologisch beschreiben lassen.

Diese Konzeption des Unbewußten widerspricht den in der Kognitionswissenschaft vorherrschenden Auffassungen. Chomsky beispielsweise glaubt, daß, wenn Kinder ihre Muttersprache lernen, sie dabei unbewußten Regeln einer Universalgrammatik folgen – aber diese Regeln sind nicht Sachen der Art, die ein Kind sich zu Bewußtsein bringen könnte. Diese Regeln sind »computationale« Regeln der Universalgrammatik. Der Linguist könnte die Regel in einem technischen Vokabular formulieren. Der Linguist könnte sagen, daß das Kind der Regel »Alpha bewegen!« folgt, aber damit unterstellt er nicht, daß das Kind still bei sich denkt: »Alpha bewegen!« Ja, vom Kind wird nicht einmal angenommen, daß es die Fähigkeit hat zu denken: »Alpha bewegen!« Nein, mit der Formulierung »Alpha bewegen!« repräsentiert der Linguist Hirnvorgänge, die weder das Kind noch sonst jemand sich zu Bewußtsein bringen könnte. Was sich im Gehirn des Kindes abspielt, ist rein computational, eine Abfolge von Nullen und Einsen; bzw.: ein funktionales Neuro-Äquivalent von Nullen und Einsen wird im Gehirn verarbeitet. Aber die Verarbeitungsprozesse sind nichts von der Art, was sich jemals zu Bewußtsein bringen ließe.

Ich halte die Auffassung für inkohärent, daß wir unbewußte Geisteszustände haben, die unser Verhalten kausal erklären: Zustände, die zwar geistig sind, aber dennoch nicht als Bewußtseinszustände funktionieren können. Diese Auffassung ist inkohärent, weil sie die Frage nicht beantworten kann: Aufgrund welcher Tatsache, die diese Hirnzustände betrifft, handelt es sich bei ihnen um *Geistes*zustände, um Zustände mit den Merkmalen intentionaler Geisteszustände? Welcher Unterschied besteht zwischen denjenigen nicht-bewußten Vorgängen im Gehirn, die überhaupt keine Geistesvorgänge sind, und echten unbewußten Geisteszuständen, die (solange sie unbewußt sind) Hirnzustände sind? Kurz, ein unbewußter Geisteszustand muß sich *bewußt denken* lassen, wenn es überhaupt ein Geisteszustand ist und nicht bloß ein nicht-bewußter Vorgang im Gehirn.

Dieser Punkt ist für die Erklärung menschlicher Kognition schrecklich wichtig. Echte Geisteszustände funktionieren sowohl dann kausal, wenn sie bewußt sind, als auch dann, wenn sie unbewußt sind. Man denke beispielsweise an die Regel: »Auf der rechten Straßenseite fahren!« Sowohl bewußt als auch unbewußt funktioniert diese Regel kausal. Aber beim unbewußten Regelfolgen muß es sich wie bei dem Regelfolgen, das bewußt geschieht, um ein Befolgen des intentionalen Gehalts der Regel handeln, und das muß in Echtzeit vor sich gehen. Der Zeitpunkt, zu dem die Regel kausal aktiv ist, und der Zeitpunkt, zu dem das von der Regel gesteuerte Verhalten stattfindet, sind identisch. Diese Merkmale finden sich in denjenigen kognitionswissenschaftlichen Erklärungen, in denen ein unbewußtes Befolgen von im Prinzip nicht zu Bewußtsein bringbaren Regeln postuliert wird, typischerweise nicht wieder.

Intentionalität naturalisieren: Noch ein Aufeinanderprall von Standard-Positionen

Unser übergreifendes Ziel in diesem Buch ist es zu zeigen, wie eine Reihe von rätselhaften Phänomenen, die den Geist, die Sprache und die Gesellschaft betreffen, sich allesamt als Teil der natürlichen Welt begreifen lassen, in einer Reihe mit Planeten, Atomen und Verdauung. Im Falle der Intentionalität wird dieses Problem für ganz besonders schwierig gehalten, weil schwer zu sehen ist, wie das »Von-etwas-Handeln« in irgendeinem Sinn ein physisches Merkmal der Welt sein könnte. Intentionalität wird vielerseits als rätselhaft empfunden; so schreibt Jerry Fodor zum Beispiel: »Wenn das Von-etwas-Handeln wirklich existiert, muß es in Wirklichkeit etwas anderes sein.«[28] Der Drang zu zeigen, daß Intentionalität in Wirklichkeit »etwas anderes« ist, gehört zu dem eliminativen, reduktionistischen Drang, der große Teile unseres geistigen Lebens infiziert. Das Ziel besteht nicht so sehr darin, die Phänomene zu erklären, als vielmehr darin, sie dadurch loszuwerden, daß man sie auf weniger rätselhafte Sachen zurückführt.

28 Jerry Fodor, *Psychosemantics: The Problem of Meaning in the Philosophy of Mind*, Cambridge, Mass. 1987, S. 97.

So führen wir beispielsweise Farben auf Lichtreflexionsmerkmale zurück und zeigen dadurch, daß Rot »nichts anderes« ist als eine Photonenemission im Bereich von 600 Nanometern.

Um den Drang, Intentionalität auf etwas Grundlegenderes zurückzuführen, zu verstehen, wollen wir folgendes Rätsel betrachten. Angenommen, ich glaube in diesem Moment, daß Clinton Präsident der Vereinigten Staaten ist. Was auch immer sonst noch diese Überzeugung sein mag, auf jeden Fall ist sie ein Zustand meines Gehirns. Und nun kommt das Rätselhafte daran. Wie kann dieser Zustand meines Gehirns – der aus so etwas wie Neuronenkonfigurationen und von Neurotransmittern aktivierten synaptischen Verbindungen besteht – *für etwas stehen*? Wie kann ein Zustand meines Gehirn bis nach Washington reichen und dort eine Person unter Millionen aussondern? Ja, wie kann irgendein Zustand meines Gehirns überhaupt für irgend etwas stehen, von ihm handeln, es repräsentieren? Sollen wir es uns so vorstellen, daß ich intentionale Strahlen aussende, die den viele tausend Kilometer langen Weg bis nach Washington zurücklegen? Wie ermüdend das sein muß! Und warum ist es nicht noch ermüdender, wenn ich denke, daß die Sonne scheint, und ich meine intentionalen Strahlen dann hundertfünfzig Millionen Kilometer weit bis zur Sonne senden muß? Man beachte, daß es keinen Zweck hat zu sagen, es sei hier eben genau so, wie es bei Wörtern ist, die für Sachen stehen: daß meine Überzeugung über Clinton eben in genau derselben Weise für Clinton steht, wie das Wort »Clinton« für Clinton steht. Damit wird das Rätsel nur um einen Schritt verschoben. Denn wie kann das Wort für Clinton (oder für sonst irgend etwas) stehen? Die Antwort darauf kann nur lauten, daß das Wort deshalb für Clinton steht, weil wir es absichtlich dazu verwenden, für Clinton zu stehen. Aber damit sind wir wieder bei dem Problem angelangt, um das es ursprünglich ging. Wie kann ich, indem ich einfach nur ein Wort äußere oder ein Zeichen auf das Papier schreibe, auf etwas weit Entferntes *Bezug nehmen*? Ja, wie kann ich auf diese Weise auf überhaupt irgend etwas Bezug nehmen? Das Geräusch, das ich hervorbringe, ist ein Geräusch wie jedes andere auch, und die Tintenflecken auf dem Papier sind bloß Tintenflecken. Welches bemerkenswerte Kunststück vollführe ich, um ihnen diese erstaunlichen Fähigkeiten zu verleihen? Kurz, das Problem ist: Wir können die Intentionalität des Geistes nicht dadurch erklären, daß wir uns auf die Intentionalität der Sprache berufen, weil die Intentionalität der Sprache bereits von der Intentionalität des Geistes abhängt. Mit dem Gedanken, daß die Überzeugung in meinem Gehirn ihre Intentionalität deshalb hat, weil ich sie so verwende, wie ich die Sätze verwende, die aus meinem Mund kommen, würden wir uns in einen Homunculus-Fehlschluß verstricken. Wir müßten annehmen, daß es in meinem Kopf einen kleinen Mann gibt, der meiner Überzeugung in der Weise Intentionalität verleiht, wie ich dem Satz, den ich äußere, Intentionalität verleihe.

Meines Erachtens taugt das, was Philosophen im Rahmen ihrer Versuche, dieses Problem zu lösen, gesagt haben, zum größten Teil erschreckend wenig. Daniel Dennett sagt uns, der Homunculus-Fehlschluß sei eigentlich kein Fehlschluß, weil wir den intelligenten Homunculus durch eine ganze Armee immer blöderer Homunculi ersetzen können.[29] Fodor sagt uns, daß bei Intentionalität nichts weiter passiert, als daß Gegenstände in der Welt konkrete Vorkommnisse von Wörtern und andern Symbolen in unsern Köpfen verursachen.[30] Ich werde diese Antworten nicht im Detail kritisieren, weil ich die Zeit hier lieber darauf verwende, einen Ansatz vollständig anderer Art zu entwickeln. Also, ganz kurz: Dennetts Antwort hilft nicht weiter, denn sie beseitigt den Homunculus-Fehlschluß nicht. Die »immer blöderen« Homunculi müssen immer noch Intentionalität haben, wenn sie ihre Aufgaben erledigen sollen. Fodors Antwort hilft nicht weiter, weil nicht-intentionale Kausalbeziehungen niemals ausreichen, um Intentionalität zu erklären. Die Kausalbeziehungen können immer dasein, ohne daß die Intentionalität da ist. Angenommen, der Anblick von

29 Daniel Dennett, *Brainstorms*, Vermont 1978, S. 22-124.
30 Jerry Fodor, *Psychosemantics*, S. 97-127.

Kühen (und nur der von Kühen) bringt mich zum Niesen. Dennoch haben meine »konkreten Vorkommnisse« von Kuh-Wirkungen in Form von Niesern keine Intentionalität; es sind einfach Nieser. Sie stehen nicht für Kühe, weil sie für überhaupt nichts stehen. Angenommen, manchmal bewirkt ein Pferd, daß ich niese, weil es wie eine Kuh aussieht. Dann sind meine konkreten Vorkommnisse von Pferde-Wirkungen in Form von Niesern kontrafaktisch abhängig von meinen Vorkommnissen von Kuh-Wirkungen: Pferde brächten mich nicht zum Niesen, wenn Kühe es nicht täten. Dieses Beispiel erfüllt alle von Fodors Bedingungen für Intentionalität, aber da ist keine Intentionalität.

Wie ist Intentionalität also auf die richtige Weise zu »naturalisieren«? Als erstes: Es ist eine völlig falsche Betrachtungsweise der Angelegenheit, die Frage so zu stellen, wie wir sie gestellt haben. Wir nehmen einen isolierten intentionalen Zustand – meine Überzeugung, daß Clinton Präsident ist –, wir setzen sie mit einem Zustand meines Gehirns gleich, und wir fragen uns dann: Wie kann dieser Hirnzustand diese bemerkenswerten Eigenschaften haben? Das ist typisch für philosophische Rätsel: um das Rätsel zu lösen, müssen wir die Angelegenheit betrachten, ohne die übliche Voraussetzungen zu machen, die wir in der Vergangenheit gemacht haben.

In den Diskussionen zum Thema Intentionalität treffen wir, kurz gesagt, auf dieselbe Art des Aufeinanderpralls von Standard-Positionen wie in den Diskussionen über das Körper/Geist-Problem. Die Kollision ist nicht so heftig, aber es gibt sie. Die eine Standard-Position besagt, daß es einfach eine simple Tatsache ist, daß wir intrinsische intentionale Zustände haben. Unsere Überzeugungen zum Beispiel handeln von Gegenständen und Sachverhalten in der Welt. Die andere Standard-Position besagt hingegen, daß es in einer ganz und gar aus physischen Entitäten bestehenden Welt unmöglich ist, daß eine physische Entität *einfach von* einer andern handelt. Die in der zeitgenössischen Philosophie übliche Vorgehensweise zur Vermeidung dieses Aufeinanderpralls ist es, irgendeine *andere* Beziehung zwischen physischen Gegenständen zu finden und Intentionalität auf diese Beziehung zurückzuführen. Die Lieblingsbeziehung dieser Tage ist die Verursachung: Ein Gegenstand kann von einem andern handeln, weil er in gewissen Kausalbeziehungen zu ihm steht.

Dies ist für philosophische Probleme typisch, die unlösbar erscheinen. Wir stehen vor zwei Möglichkeiten, die jeweils für sich genommen nicht akzeptabel wirken, aber keine von beiden scheinen wir aufgeben zu können. Wir müssen uns aber, so sagt man uns, entscheiden. Die Geschichte des Problems wird dann zur Geschichte einer Schlacht zwischen den beiden Seiten. Im Hinblick auf das Bewußtsein und das Körper/Geist-Problem hat man uns erzählt, wir müßten uns zwischen dem Dualismus und dem Materialismus entscheiden, also entweder auf der Irreduzibilität des Geistigen beharren oder auf der Zurückführbarkeit und mithin Elimination des Geistigen zugunsten einer rein physischen oder materiellen Theorie des Geistes. Im Falle der Körper/Geist-Beziehungen besteht die Lösung darin – und dies ist für die Lösung von philosophischen Problemen typisch, die in dem Aufeinanderprall von Standard-Positionen bestehen –, hinter das Problem zurückzugehen, um die Annahmen zu untersuchen, die von beiden Seiten gemacht werden. Die Lektion, die wir bei unserer Untersuchung des Körper/Geist-Problems gelernt haben, war, diese Annahmen nicht fraglos hinzunehmen.

Bevor wir diese Lektionen auf die Erforschung der Intentionalität anwenden, müssen wir eine außerordentlich wichtige Unterscheidung treffen. Daß diese auf der Hand liegende Unterscheidung nicht gemacht wird, ist weitgehend für die philosophische Konfusion in Theorien der Intentionalität verantwortlich. Wir müssen diejenige Intentionalität, die Menschen und Tiere intrinsischermaßen haben, von der abgeleiteten Art von Intentionalität unterscheiden, die Wörter und Sätze, Bilder, Diagramme und Graphiken haben. Dies beides müssen wir darüber hinaus von metaphorischen Intentionalitätszuschreibungen unterscheiden, in denen Intentionalität eigentlich gar nicht behauptet wird, weil sie reine »Als-ob«-Zuschreibungen sind. Betrachten wir die Behauptungen, die mit Feststellungen der jeweiligen Art gemacht werden.

1. Ich bin in diesem Moment sehr hungrig.
2. Im Französischen bedeutet »J'ai grand faim en ce moment«: Ich bin in diesem Moment sehr hungrig.
3. Die Pflanzen in meinem Garten sind hungrig auf Nährstoffe.

In allen drei Feststellungen wird auf das intentionale Phänomen des Hungers Bezug genommen, aber der Status dieser drei Zuschreibungen ist völlig unterschiedlich. Mit der ersten Feststellung wird mir intrinsische Intentionalität zugeschrieben. Wenn ich mich in diesem Zustand befinde, der mir da zugeschrieben wird, dann befinde mich in ihm unabhängig davon, was irgend jemand sonst darüber denkt. Mit der zweiten Feststellung wird ebenfalls eine wörtliche Zuschreibung von Intentionalität gemacht, aber die Intentionalität des französischen Satzes ist nicht intrinsisch; vielmehr ist sie eine Intentionalität, die von der intrinsischen Intentionalität von Sprechern des Französischen abgeleitet ist. Der erwähnte Satz des Französischen hätte von den Franzosen in einer anderen Bedeutung verwendet werden können; es hätte auch geschehen können, daß er gar nichts bedeutet, und in diesem Sinn ist dem Satz seine Bedeutung nicht intrinsisch, sondern sie ist von Personen abgeleitet, die intrinsische Intentionalität haben. Alle sprachliche Bedeutung ist abgeleitete Intentionalität. (Mehr dazu in Kapitel 6.)

Bei der dritten Feststellung handelt es sich gar nicht um die wörtliche Zuschreibung irgendeiner Intentionalität. Der »Hunger«, den meine Gartenpflanzen an den Tag legen, ist reiner Als-ob-Hunger. Ohne Nährstoffe verwelken sie, und ich beschreibe ihren Zustand in Analogie zu dem von Menschen und Tieren. Ich schreibe ihnen eine Intentionalität zu, die sie in Wirklichkeit nicht haben, auch wenn sie sich so verhalten, als ob sie Intentionalität hätten. Somit gibt es zwei Arten echter Intentionalität, intrinsische und abgeleitete, aber die Als-ob-

Intentionalität ist keine dritte Art. Zuschreibungen von Als-ob-Intentionalität sind metaphorisch. Sagen, daß etwas Als-ob-Intentionalität hat, heißt einfach nur: sagen, daß es sich so verhält, als ob es Intentionalität hätte, obwohl es keine hat.

Die Unterscheidung zwischen intrinsischer und abgeleiteter Intentionalität ist ein Spezialfall der viel fundamentaleren Unterscheidung zwischen solchen Merkmalen der Welt, die *beobachter-unabhängig* sind (wie Kraft, Masse und Gravitation), und solchen, die *beobachter-abhängig* sind (wie: wenn etwas ein Messer, ein Stuhl oder ein Satz des Englischen ist). Intrinsische Intentionalität ist beobachter-unabhängig – ich habe Hunger unabhängig davon, was irgendein Beobachter denkt. Abgeleitete Intentionalität ist beobachter-abhängig – nur in Beziehung zu Beobachtern, Verwendern usw. hat zum Beispiel ein Satz des Französischen seine Bedeutung.

Diese Unterscheidungen sind wichtig für andere Themen, die wir später erörtern werden, aber an dieser Stelle geht es uns um intrinsische Intentionalität. Alle abgeleitete Intentionalität ist von der intrinsischen abgeleitet. Es ist wichtig, dies zu betonen, denn in der gegenwärtigen Zeit wurde abgeleitete und Als-ob-Intentionalität von vielen Autoren als das Paradigma behandelt, und man hat versucht, alle intrinsische Intentionalität mit Rückgriff darauf zu erklären. So wird die abgeleitete Intentionalität von Abläufen im Computer als das Modell zur Erforschung der intrinsischen Intentionalität im menschlichen Gehirn behandelt, und die Als-ob-Zuschreibungen werden manchmal sogar als das richtige Modell behandelt, mit dem sich die Zuschreibungen verstehen lassen, die wir machen, wenn wir Menschen intrinsische Intentionalität zuschreiben.[31] Die Grundthese, die ich vertrete – eine These, die von dem abweicht, was in der Kognitionswissenschaft gegenwärtig die herrschende Lehre ist –, läßt sich folgendermaßen fassen. Angenommen, wir verfügten über eine vollständige Physik, Chemie und Biologie. Dann würden sich schließlich gewisse Merk-

31 Die vielleicht extremste Version dieser Tendenz findet sich in Daniel Dennetts Buch *The Intentional Stance*, Cambridge, Mass. 1987.

male definitiv als wirkliche, beobachter-unabhängige bzw. intrinsische Merkmale der wirklichen Welt erweisen. In der Physik würden beispielsweise die Gravitation und der Elektromagnetismus zu diesen Merkmalen gehören. In der Biologie beispielsweise die Mitose, die Meiose und die Photosynthese. Meine Behauptung ist: Bewußtsein und Intentionalität würden ebenfalls dazugehören. Bewußtsein und Intentionalität sind zwar Merkmale des Geistes, aber sie sind beobachter-unabhängig in dem Sinne, daß gilt: Wenn ich bei Bewußtsein bin oder mich in einem intentionalen Zustand wie Durst befinde, dann hängt die Existenz dieser Merkmale nicht davon ab, was irgend jemand außer mir denkt. Anders als Sätze einer Sprache sind sie nicht nur deshalb die Dinge, die sie sind, weil Außenstehende sie für solche Dinge halten. Im Vorangegangenen haben wir Bewußtsein dadurch naturalisiert, daß wir gezeigt haben, wie es ein natürliches biologisches Phänomen sein kann. Meine Aufgabe ist es nun, Intentionalität dadurch zu naturalisieren, daß ich zeige, wie die intrinsische Intentionalität der Menschen und anderer Lebewesen ein Teil der natürlichen Welt sein kann.

Naturalisierte Intentionalität als ein biologisches Phänomen

Dann also los. Fangen wir mit einfachen Fällen an. Die biologisch primitivsten Formen von Intentionalität sind solche Wünsche, bei denen körperliche Bedürfnisse wie Hunger und Durst im Spiel sind. Diese beiden sind intentional, weil sie Formen des Wünschens sind. Hunger ist ein Wunsch zu essen, Durst ein Wunsch zu trinken. Durst funktioniert folgendermaßen. Ein Mangel an Wasser im System bewirkt Renin-Absonderung der Nieren, und das Renin wirkt auf ein gewisses Peptid (namens »Angiotensin«) ein, und daraus entsteht Angiotensin 2. Diese Substanz gelangt ins Hirn, attackiert Bereiche des Hypothalamus und bewirkt damit einen Anstieg der Frequenz des neuronalen Feuerns in diesen Bereichen. Dies wiederum bewirkt, daß das Lebewesen den bewußten Wunsch verspürt, etwas zu trinken.

Bitte sagen Sie nun nicht, daß das neuronale Feuern so etwas nicht bewirken könnte, weil dies ja ein Überschreiten der Körper/Geist-Kluft – der Erklärungslücke zwischen dem Physischen und dem Geistigen – wäre. Wir wissen, daß es schlicht eine biologische Tatsache ist, daß derartige neurobiologische Prozesse in der Tat Bewußtseinszustände wie Hunger und Durst verursachen. So funktioniert die Natur nun einmal. Zusätzliche Belege für die Rolle des Hypothalamus bei der Verursachung von gewissen Arten des Dursts liefert uns der Umstand, daß Patienten mit bestimmten Tumoren, die auf den Thalamus drücken, unentwegt Durst verspüren. Gleichgültig, wieviel sie trinken, ihr Durst ist nicht zu stillen. Und Patienten mit Läsionen in den relevanten Bereichen des Thalamus haben niemals Durst.

Man beachte auch, daß der Besitz intentionaler Bewußtseinsphänomene dieser Art einen enormen evolutionären Vorteil bringt. Genau wie das Bewußtseinsphänomen Schmerz einen evolutionären Vorteil hat – weil das Lebewesen diejenigen Körperverletzungen, die Schmerz verursachen, zu vermeiden sucht und vorhandene Verletzungen behandelt, um den Schmerz zu verringern –, so bringt das Bewußtseinsphänomen Durst das Lebewesen dazu, das lebensnotwendige Wasser zu trinken.

Eine einschränkende Bemerkung: Was ich hier vorstelle, das ist die Standard-Darstellung eines Lehrbuchs der Neurobiologie. Zweifellos wird sie uns, wenn wir mehr über diese Dinge wissen werden, höchst amüsant, altmodisch und übermäßig vereinfachend vorkommen. Gewiß, die Ereignisse im Hypothalamus sind für sich selbst genommen wahrscheinlich nicht ausreichend, um irgendwelche Bewußtseinszustände zu verursachen. Es muß alle Arten von Verbindungen zu andern Teilen des Gehirns geben. Doch der Witz des Beispiels ist es zu erklären, wie eine derartige Theorie eine neurologische, und mithin naturalistische, Erklärung einer gewissen Form von Intentionalität geben *könnte*.

Wird mir solch eine biologische Erklärung irgendeiner Form von Intentionalität zugestanden, habe ich ein Werkzeug, mit dem ich mich daran machen kann, all die Annahmen zu unterminieren, die es so erscheinen ließen, als wären die beiden oben betrachteten Möglichkeiten die einzig verfügbaren. Sobald wir sehen, wie Durst eine Form natürlicher biologischer Intentionalität sein kann, wird es nicht zu schwierig sein, dies zu erweitern und eine Erklärung dieser Art auch für die Sinnesmodalitäten (Gesichtssinn und Tastsinn zum Beispiel) zu geben. Für den Fall der visuellen Wahrnehmung habe ich ja schon in Kapitel 1 eine Skizze dessen vorgestellt, wie der Aufprall der Photonen auf die Netzhaut schließlich ein visuelles Erlebnis im Gehirn bewirkt. Jedes Standardlehrbuch der Neurobiologie enthält ein Kapitel über die visuelle Wahrnehmung, in dem erklärt wird, wie die Reizung der peripheren Nervenenden schließlich ein visuelles Erlebnis bewirkt. Natürlich möchte ich nicht den Eindruck erwecken, wir hätten jetzt schon die endgültige Antwort auf die Frage, wie Hirnvorgänge visuelle Erlebnisse verursachen. Wir kennen die Antwort auf diese Frage nicht, und es ist nicht wahrscheinlich, daß wir sie in der nahen Zukunft finden werden. Worauf es mir hier ankommt, ist schlicht und einfach, daß uns die *Form* der Antwort bekannt ist. Wir wissen, daß wir nach Kausalmechanismen im Gehirn suchen.

Sobald wir nun aber – und das ist der springende Punkt – zum tatsächlichen visuellen Erlebnis gelangt sein werden, werden wir die intrinsische Intentionalität haben, nach der wir gesucht haben. Es gibt keine Möglichkeit, wie ich *dieses* visuelle Erlebnis, das ich jetzt gerade tatsächlich habe, haben könnte, ohne daß es mir zumindest so vorkommt, als sei vor mir ein Computerbildschirm.

Aber, so wird der Skeptiker fragen, durch welche Tatsache, die das visuelle Erlebnis betrifft, wird dieses Erlebnis selbst zu einem Erlebnis des Mir-so-Vorkommens, daß ich einen Computerbildschirm sehe? Man beachte, was für eine seltsame Frage das ist. Ich glaube, darauf kann es nur eine Antwort geben: Es ist diesem Erlebnis selbst – als einem Bewußtseinsphänomen in der Welt – innerlich, daß es genau diese Intentionalität hat. Es gehört zu dem visuellen Erlebnis, daß es mir, indem ich es habe, so vorkommt, daß ich einen Computerbildschirm vor mir sehe. Der Drang, Intentionalität zu naturalisieren, und das Gefühl, die einzige Form der Naturalisierung sei eine Reduktion irgendeiner Art, ist mithin ein doppelter Fehler. Erstens ist da der Fehler, sich zu fragen, wie bloße Materie Bezug nehmen kann; aber dem liegt der tiefere Fehler zugrunde, sich zu fragen, wie überhaupt *irgend etwas* Bezug nehmen kann. Und hinter dem zweiten Fehler versteckt sich die Idee, daß es vielleicht *nichts* gibt, das intrinsisch Bezug nehmen kann. Der erste Fehler läßt sich mit einer Erweiterung unserer Lösung des Körper/Geist-Problems beseitigen: Wir gehen einfach hinter die Frage zurück und schauen uns ihre Voraussetzungen an. Wir stoßen auf die Voraussetzung, daß Intentionalität entweder mysteriös und unerklärlich ist oder daß sie in Wirklichkeit etwas anderes ist – etwas, das sich eliminativ reduzieren läßt. Auf diesen Fehler ist zu antworten wie auf das Körper/Geist-Problem: Man weist beide Möglichkeiten der Alternative zurück.

Die Antwort auf den zweiten Fehler macht es jedoch erforderlich, über unsere Lösung des Körper/Geist-Problems hinauszugehen und einige besondere Merkmale intrinsischer Intentionalität zu betrachten. Wenn wir versuchen, beispielsweise unsere bewußten visuellen Erlebnisse so zu behandeln, als wären sie einfach Phänomene in der Welt wie Steine, Bäume oder Verdauungsvorgänge, dann muß es wie ein Wunder erscheinen, daß sie auf etwas Bezug nehmen könnten. Doch obwohl sie natürliche Vorgänge sind, haben sie natürlich ein besonderes Merkmal. Es ist dem Zustand innerlich, daß er diese Intentionalität hat. Es könnte nicht genau dieses visuelle Erlebnis sein, wenn es nicht ein Erlebnis mit Intentionalität wäre, und zwar ist diese Intentionalität in diesem Fall: ein Mir-so-Vorkommen, daß ich dieses Ding vor mir sehe.

Doch warum ist die Sache bis hierher nicht jedermann offenkundig? Warum würde jemand das außer acht lassen oder es bestreiten wollen? Zwei Gründe. Der erste ist das Versäumnis, zwischen intrinsischer, abgeleiteter und Als-ob-Intentionalität zu unterscheiden. Wer mit abgeleiteter Intentionalität loslegt, wie wir sie bei Wörtern und Sätzen antreffen – oder, schlimmer noch, mit Als-ob-Intentionalität, wie wir sie in metaphorischen Intentionalitätszuschreibungen antreffen –, dem wird Bezugnahme oder Von-etwas-Handeln mysteriös vorkommen. Sicherlich muß doch da, so scheint es, irgendwo ein Homunculus stecken, der den Phänomenen ihre Intentionalität verleiht. Eine zweite Fehlerquelle ist die Vernachlässigung der Zentralität von Bewußtsein. Wer denkt, daß Intentionalität keine wesentliche Verbindung mit Bewußtsein hat, dem wird es so vorkommen, als gebe es alle möglichen Arten von Intentionalität in der Welt, und er wird versuchen, sie mit Rückgriff auf Kausalbeziehungen oder etwas dergleichen zu analysieren. Der Ausweg besteht darin, mit intrinsischer Intentionalität in ihren Bewußtseins-Formen anzufangen. Betrachten wir die Frage: Wie kommt es, daß dieses Wort »Clinton« für Clinton steht? Das kann in der Tat eine interessante Frage sein. Schließlich hat das Wort nur abgeleitete Intentionalität. Weiterhin gibt es interessante Fragen, die die Art der Ableitung und die Form der abgeleiteten Intentionalität betreffen. Aber es kann keine interessante Frage des folgenden Typs geben: Wie kann dieses bewußte visuelle Erlebnis ein Fall von Jemandem-so-vorkommen-daß-er-etwas-sieht sein? Das heißt, sobald wir das visuelle Erlebnis samt all seinen Merkmalen haben, und sobald wir für diese Merkmale neurobiologische und psychologische Erklärungen gegeben haben, kann es keine weitere interessante Frage danach geben, wie das Erlebnis ein Fall von Jemandem-so-vorkommen-daß-er-etwas-sieht sein kann; denn das Jemandem-so-vorkommen-daß-er-etwas-sieht *kommt* zu dem visuellen Erlebnis nicht in der Weise *hinzu*, in der zu dem Wort »Clinton« noch die referentielle Beziehung zu einem bestimmten Menschen hinzukommt. Das Erlebnis ist einfach ein Erlebnis des Jemandem-so-vorkommen-daß-er-etwas-sieht.

Wir haben großen Nachdruck auf die Unterschiede zwischen intrinsischer Intentionalität einerseits und sowohl abgeleiteter als auch Als-ob-Intentionalität andererseits gelegt, genauso auf den Primat von Bewußtsein. Das geschah nicht ohne Grund. Es versetzt uns in die Lage, den Konflikt zwischen den beiden Standard-Positionen zu überwinden.

Die Struktur intentionaler Zustände

Bislang habe ich ein wenig vage über Intentionalität gesprochen. So, wie ich Intentionalität definiert habe, handelt es sich bei ihr einfach um das Merkmal von Geisteszuständen, durch das sie auf andere Gegenstände und Sachverhalte gerichtet sind oder von ihnen handeln. Genau wie ein Pfeil auf ein Ziel abgeschossen werden und es verfehlen kann oder abgeschossen werden kann, ohne daß überhaupt ein Ziel da ist, so kann ein intentionaler Zustand auf einen Gegenstand gerichtet sein und ihn verfehlen oder auch ganz und gar mißglücken, weil da kein Gegenstand ist. Ein Kind mag glauben, daß dieser Mann da der Weihnachtsmann ist, obwohl er in Wirklichkeit ein Angestellter des Kaufhauses ist, und jemand mag glauben, daß in diesem Haus hier Geister sind, obwohl es keine Geister gibt. Doch was für eine merkwürdige Beziehung muß Intentionalität demnach sein, wenn sie auf etwas gerichtet sein kann, das nicht einmal existiert? Wie ist so etwas möglich?

Die Unterscheidung zwischen dem Typ und dem Gehalt intentionaler Zustände

Um die Struktur intentionaler Zustände zu verstehen, müssen wir zu Beginn unserer Untersuchung einige grundlegende Unterscheidungen machen. Zunächst einmal müssen wir bei jedem intentionalen Zustand – sei es eine Überzeugung, ein Wunsch, eine Hoffnung, Befürchtung, eine visuelle Wahrnehmung oder die Absicht, eine Handlung zu vollziehen – zwischen dem Gehalt des Zustands und dem Zustandstyp unterscheiden. So kann man beispielsweise hoffen, daß es regnen wird, befürchten, daß es regnen wird, und glauben, daß es regnen wird. In jedem dieser Fälle handelt es sich um denselben Gehalt – daß es regnen wird –, aber dieser Gehalt ist in unterschiedlichen intentionalen Modi präsentiert. Diese Unterscheidung zwischen Gehalt und Modus überträgt sich auf Wahrnehmung und absichtliche Handlungen. Man kann sehen, daß es regnet, genau wie man glauben kann, daß es regnet; und man kann beabsichtigen, ins Kino zu gehen, genau wie man sich wünschen kann, ins Kino zu gehen. In all diesen Beispielen handelt es sich bei dem Gehalt jeweils um eine ganze Proposition, und mithin haben diese Gehalte Wahrheitsbedingungen oder – wie ich lieber sage: »Erfüllungsbedingungen«.

Wir brauchen einen Begriff, der allgemeiner ist als der der Wahrheit, weil wir einen Begriff brauchen, der nicht nur solche intentionalen Zustände (wie Überzeugungen) abdeckt, die wahr oder falsch sein können, sondern auch solche (wie Wünsche und Absichten), die erfüllt oder enttäuscht, ausgeführt oder nicht ausgeführt werden können. Ich kann glauben, daß ich heute abend ins Kino gehen werde, und mich somit in einem Zustand befinden, der wahr oder falsch ist; und genauso kann ich wünschen, heute abend ins Kino zu gehen, oder beabsichtigen, heute abend ins Kino zu gehen. Meine Wünsche und Absichten können jedoch nicht buchstäblich wahr oder falsch sein. Was meiner Überzeugung ihre Wahrheitsbedingung ist – und zwar: daß ich heute abend ins Kino gehen werde –, ist genau das, was meinem Wunsch seine Erfüllungsbedingung ist – eben: daß ich heute abend ins Kino gehen werde. Ich werde also sagen, daß intentionale Zustände wie Überzeugungen und Wünsche *Erfüllungsbedingungen* haben, und dieser Terminus deckt nicht nur Erfüllungsbedingungen (für Wünsche) ab, sondern auch Wahrheitsbedingungen (für Überzeugungen), Ausführungsbedingungen (für Absichten) und so weiter. Erfüllungsbedingungen zu haben ist ein allgemeines

Merkmal sehr vieler intentionaler Zustände mit propositionalem Gehalt, und Wahrheitsbedingungen sind ein Spezialfall der Erfüllungsbedingungen.

Diese Unterscheidung zwischen Wahrheitsbedingungen und andern Arten von Erfüllungsbedingungen führt zum nächsten Strukturmerkmal intentionaler Zustände.

Ausrichtung

Es ist ein bemerkenswertes Merkmal des Geistes, daß er uns vermittels Intentionalität zu der wirklichen Welt in Beziehung setzt. Das ist eben Intentionalität: die besondere Weise, auf die der Geist uns zu der Welt in Beziehung setzt. Gleichermaßen bemerkenswert ist es, daß es unterschiedliche Arten gibt, auf die intentionale Gehalte durch unterschiedliche intentionale Zustandstypen zur Welt in Beziehung stehen. Die unterschiedlichen intentionalen Zustandstypen setzen den propositionalen Gehalt unterschiedlich zur wirklichen Welt in Beziehung: unterschiedlich im Hinblick darauf, wie sie (sozusagen) passen sollen. Überzeugungen und Hypothesen heißen je nachdem wahr bzw. falsch, ob die Welt wirklich so ist, wie sie von der Überzeugung repräsentiert wird. Aus diesem Grund spreche ich davon, daß Überzeugungen die Geist-auf-Welt-Ausrichtung haben. Die Überzeugung hat sozusagen die Verantwortung dafür, daß sie zu einer unabhängig existierenden Welt paßt. Wünsche und Absichten hingegen haben nicht die Geist-auf-Welt-Ausrichtung, denn wenn eine Absicht oder ein Wunsch nicht erfüllt ist, dann hat sozusagen nicht die Absicht oder der Wunsch, sondern die Welt die Verantwortung dafür, daß sie nicht zum Gehalt des Wunschs oder der Absicht paßt. Der Terminus »Ausrichtung« [*direction of fit*] stammt von J.L. Austin,[32] von G.E.M. Anscombe jedoch das beste Beispiel zur

32 John L. Austin, »Wie man spricht. Ein paar simple Verfahren«, in: *Gesammelte philosophische Aufsätze*, übersetzt und herausgegeben von Joachim Schulte, Stuttgart 1986, S. 175-200 (engl.: »How to Talk: Some Simple Ways«, in: *Philosophical Papers*, hg. von J. O. Urmson und G. Warnock, Oxford 1979).

Illustration des Unterschieds.[33] Es geht etwa so: Eine Frau gibt ihrem Mann eine Einkaufsliste, auf der die Wörter »Bier«, »Butter« und »Bockwurst« stehen. Der Mann geht mit der Liste in den Supermarkt und legt die Sachen, die auf der Liste stehen, in seinen Einkaufskorb. Die Liste funktioniert wie eine Anweisung oder ein Wunsch und hat demnach die Welt-auf-Liste-Ausrichtung. Der Mann ist dafür verantwortlich, daß die Welt der Liste entspricht. Indem er bestimmte Sachen einkauft, versucht er, die Welt der Liste anzupassen. Doch nehmen wir an, ihm folgt ein Detektiv, und der notiert sich, was der Mann in seinen Korb legt. Der Detektiv schreibt »Bier«, »Butter« und »Bockwurst«, so daß die beiden, wenn sie an der Kasse ankommen, identische Listen haben. Die Listen haben allerdings völlig unterschiedliche Funktion: Die Liste des Detektivs soll einer unabhängig existierenden Realität entsprechen; sie fungiert als Beschreibung bzw. als Bericht darüber, was tatsächlich geschehen ist. Die Liste des Detektivs soll repräsentieren, wie die Dinge sind. Die Liste des Ehemannes soll ihn in die Lage versetzen, die Wirklichkeit so zu verändern, daß sie dem Inhalt der Liste entspricht. Sie zielt nicht darauf ab, zu repräsentieren, wie es sich verhält, sondern darauf, daß die Welt so verändert wird, daß sie der Liste entspricht. Die Liste des Ehemannes hat die Welt-auf-Liste-Ausrichtung. Die Liste des Detektivs hat die Liste-auf-Welt-Ausrichtung. In unserer Sprache gibt es ein spezielles Vokabular zur Beschreibung des Erfolgs bzw. Mißerfolgs von Repräsentationen, die die Liste(oder Wort)-auf-Welt-Ausrichtung haben: wir nennen sie »wahr« bzw. »falsch«. Kurz, Wahrheit und Falschheit bezeichnen Erfolg bzw. Mißerfolg bei dem Versuch, Wort-auf-Welt-Entsprechung zu erreichen.

Der Unterschied kommt sehr deutlich zum Vorschein, wenn man daran denkt, was passiert, wenn ein Fehler auftritt. Angenommen, der Detektiv kommt nach Hause und bemerkt, daß er einen Fehler gemacht hat. Der Mann hat gar keine Bock-

33 E. M. Anscombe, *Absicht*, Freiburg i. Br., München 1986 (engl.: *Intention*, Oxford 1959).

wurst genommen, sondern Schweinekotelett. Der Detektiv kann die Sache einfach dadurch in Ordnung bringen, daß er das Wort »Bockwurst« durchstreicht und »Schweinekotelett« hinschreibt. Die Liste stimmt nun, die Liste-auf-Welt-Ausrichtung ist hergestellt. Doch wenn der Ehemann nach Hause kommt und seine Frau ihm sagt: »Du Depp, ich habe ›Bockwurst‹ geschrieben und du hast Schweinekotelett gekauft«, dann kann der Mann die Sache nicht dadurch in Ordnung bringen, daß er sagt: »Geht in Ordnung, Liebling. Ich streiche ›Bockwurst‹ aus und schreibe ›Schweinekotelett‹ hin.« Der Unterschied hat seinen Grund darin, daß der Ehemann, anders als der Detektiv, verantwortlich dafür ist, daß die Welt der Liste entspricht. Der Detektiv ist verantwortlich dafür, daß die Liste der Welt entspricht. Was für die Beziehung der Listen zur Welt gilt, gilt auch für die Beziehung zwischen Wörtern und der Welt, ja auch für die zwischen Geist und Welt. Die Unterscheidung zwischen Liste-auf-Welt und Welt-auf-Liste exemplifiziert die allgemeineren Unterscheidungen sowohl zwischen Wort-auf-Welt und Welt-auf-Wort als auch zwischen Geist-auf-Welt und Welt-auf-Geist. Ich hoffe, diese Unterscheidung ist klar. Meines Erachtens ist sie für jede Theorie der Intentionalität entscheidend. Überzeugungen, Wahrnehmungen und Erinnerungen haben die Geist-auf-Welt-Ausrichtung, weil es ihr Ziel ist, zu repräsentieren, wie die Dinge sind. Wünsche und Absichten haben die Welt-auf-Geist-Ausrichtung, weil es ihr Ziel ist, nicht zu repräsentieren, wie die Dinge sind, sondern wie wir sie gerne hätten bzw. wie wir sie zu machen gedenken.

Bislang haben wir in unserer allgemeinen Theorie der Struktur intentionaler Akte zwei Merkmale herausgearbeitet: erstens die Unterscheidung zwischen propositionalem Gehalt und dem Typ des intentionalen Zustands und zweitens den Begriff der Ausrichtung, zu dem es gehört, daß es verschiedene Ausrichtungen gibt. Jetzt können wir auf einige Komplikationen zu sprechen kommen, die bei diesen beiden Merkmalen gegeben sind. Die erste, auf die ich hinweisen möchte, besteht darin, daß nicht jeder intentionale Zustand eine ganze Proposition als seinen Gehalt hat. Wenn beispielsweise jemand Mary liebt oder Bill haßt, dann bezieht sich der Gehalt dieser intentionalen Zustände auf Mary bzw. Bill, und die Einstellung, die da jeweils vorliegt, ist Liebe bzw. Haß. Eine andere Komplikation rührt daher, daß nicht alle intentionalen Zustände die Welt-auf-Geist- oder die Geist-auf-Welt-Ausrichtung haben. Einige Zustände setzen in der Tat voraus, daß die Entsprechung von Geist und Welt bereits stattgefunden hat. Wenn man beispielsweise bedauert, daß man einen Freund beleidigt hat, oder sich darüber freut, daß die Sonne scheint, dann befindet man sich in einem intentionalen Zustand, in dem vorausgesetzt ist, daß der propositionale Gehalt bereits erfüllt ist – daß man den Freund beleidigt hat bzw. daß die Sonne scheint. In solch einem Fall spreche ich von der *Null-Ausrichtung*. Überzeugungen zielen darauf ab, wahr zu sein und mithin Geist-auf-Welt-Ausrichtung zu erreichen; Wünsche zielen darauf ab, erfüllt zu werden und mithin Welt-auf-Geist-Ausrichtung zu erreichen; Freude und Bedauern hingegen zielen nicht in dieser Weise auf so etwas ab, obgleich ihr propositionaler Gehalt erfüllt sein mag oder nicht, wie jeder propositionale Gehalt eines intentionalen Zustands. Um diesem Unterschied Rechnung zu tragen, spreche ich einfach von der Null-Ausrichtung.

Erfüllungsbedingungen

Wir können nun diese verschiedenen Bemerkungen über Intentionalität miteinander verbinden, indem wir dasjenige Merkmal beschreiben, das Intentionalität konstituiert. Ich habe auf dieses Merkmal schon andeutungsweise hingewiesen, als ich den Begriff der Erfüllungsbedingungen eingeführt habe. Meines Erachtens ist der Begriff der Erfüllungsbedingungen der Schlüssel zum Verständnis von Intentionalität. Ein intentionaler Zustand ist erfüllt, wenn die Welt so ist, wie der intentionale Zustand sie repräsentiert. Überzeugungen können wahr oder falsch sein, Wünsche können erfüllt oder enttäuscht werden, Absichten können ausgeführt werden oder unausgeführt bleiben. In jedem dieser Fälle ist der intentionale Zustand erfüllt oder nicht – je nachdem, ob eine Entsprechung zwischen propositionalem Gehalt und repräsentierter Wirklichkeit tatsächlich gegeben ist oder nicht.

Es ist ein allgemeines Merkmal intentionaler Zustände, die einen propositionalen Gehalt haben, daß sie Erfüllungsbedingungen haben. Ja, wenn man einen Slogan für die Analyse von Intentionalität haben wollte, dann sollte er meines Erachtens so lauten: »An ihren Erfüllungsbedingungen sollt ihr sie erkennen.« Wenn wir genau wissen wollen, welcher intentionale Zustand es ist, in dem jemand sich befindet, dann müssen wir uns fragen, unter welchen Umständen genau er erfüllt bzw. nicht erfüllt wäre. Diejenigen intentionalen Zustände (wie z. B. Liebe und Haß), deren Gehalt keine ganze Proposition ist, sind meines Erachtens zum Teil durch intentionale Zustände konstituiert, die einen vollständigen propositionalen Gehalt und somit Erfüllungsbedingungen haben. So kann man beispielsweise niemanden lieben, ohne eine Reihe von Überzeugungen und Wünschen in bezug auf diese Person zu haben. Und diese Überzeugungen und Wünsche machen weitgehend die Liebe aus, die man zu dieser Person hat. Obwohl also, oberflächlich betrachtet, Liebe keine Erfüllungsbedingungen hat, ist jeder einzelne Fall, in dem ein Mensch einen andern liebt, durch eine Reihe intentionaler Zustände konstituiert, die Erfüllungsbedingungen haben. Diejenigen intentionalen Zustände (wie z. B. Auf-etwas-stolz-Sein und Sich-einer-Sache-Schämen), deren Gehalt eine ganze Proposition ist, die aber keine Ausrichtung haben, sind weitgehend durch Überzeugungen und Wünsche konstituiert, die eine Ausrichtung haben; mithin gilt: Die intentionalen Zustände ohne Ausrichtung haben Erfüllungsbedingungen. Wenn ich beispielsweise stolz darauf bin, daß ich das Rennen gewonnen habe, dann muß ich zumindest (a) glauben, daß ich das Rennen gewonnen habe, und ich muß (b) es wünschenswert finden oder wollen, daß ich das Rennen gewonnen habe.

Intentionale Verursachung

Ich habe gesagt, daß Intentionalität dasjenige Merkmal des Geistes ist, durch das er Gegenstände und Sachverhalte in der Welt intrinsisch repräsentiert. Doch unser Geist steht außerdem in ständigem Kausalkontakt mit der Welt. Wenn wir Gegenstände sehen, verursachen die Gegenstände, die wir sehen, unsere visuellen Erlebnisse von ihnen. Wenn wir uns an Ereignisse erinnern, die wir erlebt haben, dann verursachen diese vergangenen Erlebnisse unsere gegenwärtigen Erinnerungen. Wenn wir die Absicht haben, unsern Körper zu bewegen, dann verursachen diese Absichten die Körperbewegungen. In jedem dieser Fälle gibt es sowohl eine kausale als auch eine intentionale Komponente. Für das Funktionieren von Intentionalität – ja, für unser Überleben – ist es entscheidend, daß das Repräsentationsvermögen des Geistes und die Kausalbeziehungen zur Welt in einer systematischen Weise ineinandergreifen. Die Form, in der sie dies tun, ist *intentionale Verursachung*. Diese Form der Kausalität unterscheidet sich dramatisch von der Billardkugel-Kausalität à la Hume: Ursache und Wirkung funktionieren deshalb so, wie sie funktionieren, weil entweder die Ursache eine Repräsentation der Wirkung oder die Wirkung eine Repräsentation der Ursache ist. Ich gebe einige Beispiele dafür, wie das geht. Wenn ich Wasser trinken will und dann tatsächlich zur Befriedigung dieses Wunsches Wasser trinke, dann verursacht mein Geisteszustand (der Wunsch, daß ich Wasser trinke), daß es der Fall ist, daß ich Wasser trinke. Die Erfüllungsbedingung des Wunsches wird von ihm in diesem Fall sowohl bewirkt als auch repräsentiert. Manchmal gehört es zu den Erfüllungsbedingungen des intentionalen Zustands selbst, daß er nur dann erfüllt ist, wenn er kausal wirksam ist. Wenn ich beispielsweise die Absicht habe, meinen Arm zu heben, dann ist die Absicht noch nicht allein dadurch erfüllt, daß ich meinen Arm hebe. Vielmehr gehört es zu den Erfüllungsbedingungen meiner Absicht, meinen Arm zu heben, daß just diese Absicht selbst bewirkt, daß mein Arm nach oben geht.

Aus diesem Grund nenne ich Absichten kausal selbstbezüglich.[34] Die Absicht ist nur dann erfüllt, wenn sie selbst den Rest ihrer Erfüllungsbedingungen bewirkt. Es gelingt mir nur dann, meine Absicht, den Arm zu heben, auszuführen, wenn (a) ich meinen Arm hebe, und (b) meine Absicht, den Arm zu heben, die Ursache meines Armhebens ist.

Derartige kausale Selbstbezüglichkeit liegt nicht nur bei den »volitiven« Zuständen (Absichten z. B.) vor, sondern auch bei den »kognitiven« Zuständen des Wahrnehmens und Erinnerns. Wenn ich beispielsweise wirklich diesen Baum da sehe, dann muß es nicht nur so sein, daß ich ein visuelles Erlebnis habe, dessen Erfüllungsbedingungen es sind, daß da ein Baum ist; vielmehr muß der Umstand, daß da ein Baum ist, just dieses visuelle Erlebnis selbst verursachen, das diese Erfüllungsbedingungen hat. Entsprechend ist es bei der Erinnerung. Wenn ich mich daran erinnere, wie ich in Val d'Isère an einem Skirennen teilgenommen habe, dann gehört es nicht nur zu den Erfüllungsbedingungen dieser Erinnerung, daß ich tatsächlich an solch einem Rennen teilgenommen habe, sondern meine Teilnahme am Rennen muß auch die Erinnerung verursachen, die diese Erfüllungsbedingungen hat. Bei kognitiven Zuständen mit kausaler Selbstbezüglichkeit, wie Wahrnehmen und Erinnern, ist die Ausrichtung vom Typ Geist-auf-Welt, aber die Kausalität verläuft von der Welt auf den Geist. Mein Geisteszustand des Erinnerns oder des Wahrnehmens »paßt« zur Welt nur dann, wenn die Welt den Zustand mit dieser Ausrichtung verursacht. Bei volitiven Zuständen wie den Absichten verhält es sich in dieser Hinsicht umgekehrt. Meine Absicht »paßt« zur Welt nur dann, wenn der Zustand selbst das Ereignis in der Welt verursacht, auf den es ausgerichtet ist, d. h. wenn die Absicht selbst das Ereignis meines Armhebens verursacht.

Intentionale Verursachung ist absolut entscheidend, um zu verstehen, was die Erklärung menschlichen Verhaltens ist, und

34 Die Idee der kausalen Selbstbezüglichkeit ist alt und reicht wenigstens bis zu Kant zurück. Der Ausdruck wurde, soweit ich weiß, von Gilbert Harman (»Practical Reason«, *Review of Metaphysics* 29, 1976, 431-463) als erstem verwendet.

mithin auch, welche Unterschiede zwischen den Naturwissenschaften und den Gesellschaftswissenschaften bestehen. Wenn menschliches Verhalten rational ist, beruht es auf Gründen, aber die Gründe erklären das Verhalten nur, wenn die Beziehung zwischen dem Grund und dem Verhalten sowohl eine logische als auch eine kausale ist. In Erklärungen rationalen menschlichen Verhaltens wird somit wesentlich vom Werkzeug der intentionalen Verursachung Gebrauch gemacht. Angenommen zum Beispiel, wir erklären Hitlers Invasion in Rußland dadurch, daß wir sagen: Er wollte Lebensraum im Osten. Diese Erklärung ergibt einen Sinn für uns, weil wir folgende Annahmen machen: (a) Hitler wollte Lebensraum im Osten, (b) er glaubte, er könne durch seine Invasion in Rußland Lebensraum bekommen, (c) a und b ergeben zusammen, vermittels intentionaler Verursachung, zumindest einen Teil der Kausalerklärung dafür, daß Hitler sich entschloß – und mithin die Absicht hatte –, in Rußland einzumarschieren, und (d) die Absicht, in Rußland einzumarschieren, war (vermittels intentionaler Verursachung) zumindest ein Teil dessen, was zur Invasion Rußlands führte.

Es ist wichtig zu betonen, daß derartige Erklärungen ihrer Form nach nicht deterministisch sind. Die Form einer intentionalistischen Verhaltenserklärung impliziert nicht, daß die Handlung eintreten mußte, daß die intentionalen Ursachen hinreichen, um zu determinieren, daß die Handlung vollzogen werden mußte. Und mit ihnen werden auch in der Praxis keine deterministischen Erklärungen gemacht, außer in seltsamen pathologischen Fällen. Wenn ich mein eigenes Verhalten damit erkläre, daß ich die Überzeugungen und Wünsche angebe, die mein Handeln motiviert haben, dann impliziere ich damit normalerweise nicht, daß ich mich nicht hätte anders verhalten können. Typischerweise gibt es – wenn ich mir von meinen Wünschen und Überzeugungen ausgehend überlege, was ich tun soll – zwischen den Ursachen meiner Entscheidung (den Überzeugungen und Wünschen) und der Entscheidung selbst eine *Lücke*; und es gibt eine weitere Lücke zwischen der Entscheidung und dem Vollzug der Handlung. Der Grund für diese Lücken ist, daß die intentionalen Verhaltensursachen nicht ausreichen, um das Verhalten zu determinieren. Ausnahmen gibt es, wenn Sucht, Obsession, überwältigende Leidenschaft und andere pathologische Fälle vorliegen. Wenn ich einen Entschluß fasse, für wen ich bei einer Wahl stimmen werde, dann enthält die intentionalistische Erklärung meines Verhaltens keine kausal hinreichenden Gründe. Anders verhält es sich bei dem Heroinsüchtigen, der deshalb eine Droge nimmt, weil er Heroin nehmen will und glaubt, daß die Droge Heroin ist. Der Süchtige kann gar nicht anders, und die Erklärung enthält in diesem Fall kausal hinreichende Bedingungen. Diese Lücke wird gewöhnlich »Willensfreiheit« genannt. Es ist in der Philosophie immer noch ein ungelöstes Problem, wie es – angesichts dessen, daß es im Gehirn keine entsprechenden Lücken gibt – Willensfreiheit geben kann.

Der Hintergrund der Intentionalität

Intentionale Zustände spielen ihre Rolle nicht in Isolation. Damit ich glauben kann, daß Clinton der Präsident der Vereinigten Staaten ist, oder die Absicht haben kann, am nächsten Wochenende zum Skifahren zu gehen, oder hoffen kann, daß meine Einkommenssteuer in diesem Jahr niedriger ausfällt als im letzten, muß ich außerdem noch eine Menge anderer intentionaler Zustände haben. Um mich in den erwähnten Zuständen befinden zu können, muß ich der Überzeugung sein, daß die Vereinigten Staaten eine Republik sind, daß sich in erreichbarer Entfernung meines Hauses Skigebiete befinden und daß die Vereinigten Staaten ein System der Einkommenssteuer für ihre Bürger haben. Allerdings muß ich zusätzlich zu all diesen Überzeugungen und andern intentionalen Zuständen auch noch Fähigkeiten besitzen und Voraussetzungen machen, die mich in die Lage versetzen, mit der Welt zurechtzukommen. Diese Menge von Fähigkeiten, Fertigkeiten, Neigungen, Gewohnheiten, Dispositionen, als selbstverständlich unterstellten Voraussetzungen und allgemein »Know-how« ist es, was ich als den »Hintergrund« bezeichnet habe; und in diesem Buch habe ich beständig eine allgemeine These über den Hintergrund vorausgesetzt, und zwar: Nur vor einem Hintergrund von Know-how, der uns in die Lage versetzt, mit der Welt zurechtzukommen, spielen alle unsere intentionalen Zustände, all unsere einzelnen Überzeugungen, Hoffnungen, Befürchtungen usw. die Rolle, die sie spielen – d. h. nur vor einem solchen Hintergrund legen sie ihre Erfüllungsbedingungen fest.

Am besten läßt sich dies meines Erachtens erkennen, wenn man irgendein Beispiel eines intentionalen Zustands aus dem wirklichen Leben nimmt und dann schaut, welche andern Dinge ich voraussetzen muß, damit dieser intentionale Zustand seine Rolle spielen kann. In diesem Augenblick habe ich die Absicht, in einen Buchladen zu gehen, dort ein paar Bücher zu kaufen, und dann in ein Restaurant, um dort zu Mittag zu essen. Diese komplexe Absicht setzt einen enormen metaphysischen Apparat voraus. Einiges, was zu diesem Apparat gehört, ist an der Oberfläche in der Form von Überzeugungen und Wünschen. Zum Beispiel will ich nur Bücher bestimmter Art, und ich glaube, daß ein bestimmtes Restaurant das beste in der Umgebung ist. Doch unterhalb dieser bewußten Gedanken gibt es einen riesigen Apparat, der in gewissem Sinn zu grundlegend ist, als daß man ihn sich als bloß aus weiteren Überzeugungen und Wünschen bestehend denken könnte. Beispielsweise weiß ich, wie man sich gehend fortbewegt und wie man sich in Buchläden und Restaurants verhält; ich setze es als selbstverständlich voraus, daß der Boden unter meinen Füßen mich tragen wird und daß mein Körper sich als eine einheitliche Entität fortbewegt, ohne daß seine Teile auseinanderfliegen; ich setze es als selbstverständlich voraus, daß die Bücher im Buchladen sich lesen, aber nicht essen lassen, und die Gerichte im Restaurant sich essen, aber nicht lesen lassen. Dazu, daß ich mit diesen Situationen umgehen kann, gehört die Fähigkeit, die Nahrung in meinen Mund und nicht in mein

Ohr zu bringen, um zu essen, und die Fähigkeit, die Bücher gut sichtbar vor meine Augen zu halten und sie nicht gegen meinen Bauch zu reiben, um sie zu lesen. Man kann sich zwar eine Science-fiction-Welt ausmalen, in der das alles anders ist, in der man ißt, indem man mit den Augen die Nahrung abtastet, und liest, indem man kaut und schluckt, aber daß ich nicht in einer solchen Welt lebe, ist keine meiner *Hypothesen*. Vielmehr setze ich einfach eine riesige Metaphysik als selbstverständlich voraus.

Ein Teil des Hintergrunds ist allen Kulturen gemeinsam. Beispielsweise gehen wir alle aufrecht und essen, indem wir Nahrung in unsern Mund tun. Solche universalen Merkmale nenne ich den »tiefen Hintergrund«, aber es gibt viele Hintergrund-Voraussetzungen, die von Kultur zu Kultur unterschiedlich sind. In meiner Kultur zum Beispiel werden Kühe und Schweine, aber keine Würmer und Grashüpfer gegessen; und wir essen zu bestimmten Tageszeiten und nicht zu andern. Solche Sachen sind von Kultur zu Kultur verschieden, und ich nenne derartige Merkmale des Hintergrunds »lokale Kultur-Praktiken«. Natürlich gibt es zwischen dem tiefen Hintergrund und den lokalen Kultur-Praktiken keine scharfe Trennlinie.

Im Hinblick auf unsere gegenwärtige Untersuchung möchte ich hervorheben, daß Intentionalität nicht als separate geistige Fähigkeit funktioniert. Intentionale Zustände spielen die ihnen eigene Rolle nur, wenn eine vorausgesetzte Menge von Hintergrund-Fähigkeiten gegeben ist, und bei denen handelt es sich nicht einfach um noch mehr intentionale Zustände. Der Hintergrund ist in einem wichtigen Sinn vor-intentional. Damit meine Absicht, Bücher zu kaufen und zu Mittag zu essen, festlegen kann, was ich tun werde – damit sie, heißt das, ihre Erfüllungsbedingungen festlegen kann –, muß ich viele Fähigkeiten besitzen, die nicht Teil dieser Absicht sind und auch nicht zur Menge meiner andern intentionalen Zustände gehören. Wenn Intentionalität auf diese Weise begriffen wird – als eine Menge von Denkvorgängen, die nur vor einem Hintergrund von

Fähigkeiten so funktionieren, wie sie funktionieren –, so ergeben sich viele Untersuchungsfelder, die den Rahmen dieses Buchs sprengen, aber dennoch erwähnt werden sollen. Beispielsweise denken wir uns Rationalität gewöhnlich als ein absichtliches Befolgen von Regeln der Rationalität. Hingegen ist unsere Fähigkeit zu rationalem Denken meines Erachtens zum größten Teil eine Hintergrund-Fähigkeit. Weiterhin denken wir uns Neurosen gewöhnlich als etwas, das mit irrationalen und häufig verdrängten Überzeugungen und Wünschen zu tun hat. Viele Neurosen sind von dieser Art, aber es gibt auch Hintergrund-Neurosen. Nehmen wir als Beispiel einen Patienten, der mit sich und andern Menschen zu streng und unflexibel ist. Er hat nicht einfach irrationale Überzeugungen und Wünsche; vielmehr ist er gegenüber seinen Erlebnissen in einer Weise eingestellt, die es ihm unmöglich macht, in einer flexiblen, entgegenkommenden und kreativen Weise zurechtzukommen.

5
Die Struktur des gesellschaftlichen Universums: Wie der Geist eine objektive gesellschaftliche Wirklichkeit erschafft

Mein Ziel in diesem Buch ist es, die allgemeine Struktur einiger der philosophisch rätselhaftesten Teile der Wirklichkeit – Geist, Sprache, Gesellschaft – zu erklären, und dann zu erklären, wie sie zusammenpassen. Dabei setze ich viel als gegeben voraus. Wir wissen deutlich mehr darüber, wie die Welt funktioniert, als unsere Großeltern wußten, und wir können auf dieses Wissen bauen – ein Wissen, das aus der Physik, der Chemie, der Biologie und den anderen Einzelwissenschaften gewonnen ist. Auf den großen Errungenschaften der Vergangenheit stehend, haben wir einen besseren Blick. Ich habe in diesem Buch die Ergebnisse der Physik, der Chemie, der Biologie und besonders auch der Neurobiologie als gegeben vorausgesetzt. Ich habe bisher versucht, eine Erklärung des Geistes zu geben, die mit der Tatsache verträglich ist, daß der Geist wesentlich ein biologisches Phänomen ist und daß folglich seine beiden wichtigsten, miteinander zusammenhängenden Merkmale, Bewußtsein und Intentionalität, ebenfalls biologische Merkmale sind. In diesem Kapitel benütze ich meine Theorie des Geistes, um die Natur der gesellschaftlichen und institutionellen Wirklichkeit zu erklären. Fangen wir mit der Formulierung des philosophischen Problems an.

Gesellschaftliche und institutionelle Wirklichkeit

Man denke z. B. an das Stück Papier, daß ich in meiner Geldbörse habe. Nehme ich es aus meiner Geldbörse heraus, um es zu untersuchen, so sehe ich, daß seine physikalischen Eigenschaften eher uninteressant sind. Es besteht chemisch gesehen aus Zellulosefasern, die mit bestimmten Färbemitteln eingefärbt sind. Dennoch messen wir ihm alle, trotz seiner trivialen physischen und chemischen Eigenschaften, doch eine gewisse Bedeutung bei. Der Grund dafür ist, daß es Geld ist. Wenn wir fragen: »Was an ihm macht es zu Geld?«, so finden wir, daß seine chemische und physikalische Beschaffenheit nicht ausreichen, die Frage zu beantworten. Wenn ich versuchte, etwas zu erzeugen, das genau wie dieses Stück Papier aussähe, ja selbst wenn es mir gelänge, ein bis zum letzten Molekül hin exakt getreues Duplikat anzufertigen, so wäre es kein Geld. Im Gegenteil, es wäre Falschgeld, und ich setzte mich Verhaftung und strafrechtlicher Verfolgung aus. Also, noch einmal, was an diesem Stück Papier macht es zu Geld? Einer ersten Antwort kann man sich annähern, indem man sagt, daß ein Phänomentyp nur dann Geld ist, wenn wir denken, daß es Geld ist. Für Geld gehalten zu werden ist eine notwendige, aber keine hinreichende Bedingung. Damit etwas Geld ist, braucht es mehr als nur eine Menge von Einstellungen, auch wenn die Einstellungen zum Teil konstitutiv, und wesentlich konstitutiv, dafür sind, daß ein Phänomentyp Geld ist. Ich muß hier von ›Typ‹ sprechen, weil gewisse Einzelvorkommnisse Fälschungen sein können. Ein einzelner Geldschein mag für Geld gehalten werden, obwohl er in Wirklichkeit eine Blüte ist. Allgemein gilt aber dennoch: Ein Ding eines gewissen Typs ist auf lange Sicht nur dann Geld, wenn es als Geld akzeptiert wird. Und was für Geld gilt, gilt für die gesellschaftliche und institutionelle Wirklichkeit ganz allgemein. Geld, Sprache, Eigentum, Ehe, Regierung, Universitäten, Cocktailparties, Rechtsanwälte, Präsidenten der Vereinigten Staaten sind alle zum Teil – aber nicht zur Gänze – unter diesen Beschreibungen dadurch konstituiert, daß wir sie für das jeweils Entsprechende halten. Ein Gegenstand genügt einer dieser Beschreibungen nicht zuletzt deshalb, weil wir denken, er tut es, oder weil wir ihn als einen solchen akzeptieren oder anerkennen. Des weiteren ergeben sich wichtige Konsequenzen daraus, daß wir annehmen, daß diese Phänomene gewissen Beschreibungen genügen: Aufgrund der Tatsache, daß ich und andere dieses Stück Papier in meiner Tasche für Geld halten, eröffnen sich mir gewisse Möglichkeiten, die ich sonst nicht hätte. Und was auf Geld zutrifft, trifft auf die institutionelle Wirklichkeit ganz allgemein zu. Aus der Tatsache, daß ich ein Staatsbürger bin oder ein verurteilter Verbrecher oder Gastgeber einer Cocktailparty oder Besitzer eines Autos, erwachsen mir gewisse Möglichkeiten – darunter sind negative, wie etwa Verpflichtungen und Strafen, und positive, wie etwa Rechte und Ansprüche. Diese Phänomene sollten uns als Philosophen zu denken geben, und die Frage, die ich in diesem Kapitel angehen möchte, ist: Wie passen solche gesellschaftlichen und institutionellen Phänomene in die Gesamtontologie, die ich in den vorangegangenen Kapitel beschrieben habe? Was ist die Ontologie des Gesellschaftlichen und des Institutionellen? Wie kann es eine objektive Wirklichkeit geben, die ist, was sie ist, nur weil wir denken, daß sie ist, was sie ist. Wenn ich in ein Geschäft gehe und dem Angestellten dieses Stück Papier vorlege, dann sagt er nicht: »Na, vielleicht denken *Sie*, daß das Geld ist, aber warum sollte uns kümmern, was Sie denken?«

Unser Hauptproblem in diesem Kapitel ist es, zu erklären, wie es eine epistemisch objektive gesellschaftliche Wirklichkeit geben kann, die teilweise durch ontologisch subjektive Einstellungen konstituiert wird. Nur um das Problem ein wenig konkreter auf den Punkt zu bringen: Es gibt da einige verblüffende Merkmale, die sich aus dieser Verbindung des Subjektiven und des Objektiven ergeben, für die wir gern eine Erklärung hätten. Drei davon seien genannt.

Erstens gibt es eine seltsame Form von Zirkularität in der Erklärung, die ich bisher gegeben habe, und wir müssen sicherstellen, daß die Zirkularität nicht bösartig ist, daß sie also nicht jede mögliche Analyse zerstört. Die Zirkulärität besteht darin: Wenn etwas nur deshalb Geld, Eigentum oder Ehe ist, weil man glaubt, daß es Geld, Eigentum oder Ehe ist, dann müssen wir fragen, was genau der Inhalt der Überzeugung in jedem dieser Fälle ist? Wenn man glauben muß, daß das Stück Papier in meiner Tasche Geld ist, damit es Geld ist, dann sieht es so aus, als könne der Inhalt der Überzeugung, daß es Geld ist, nicht einfach sein, daß es Geld ist; denn damit es Geld ist, muß es für Geld gehalten werden. Und wenn dem so ist, dann muß Teil des Inhalts der Überzeugung sein, daß von ihm geglaubt wird, daß von ihm geglaubt wird, daß es Geld ist. Aber dann müßten wir die Frage wieder von neuem stellen, und die Antwort wäre wiederum: Teil des Inhalts der Überzeugung ist, daß die Überzeugung besteht, daß die Überzeugung besteht, daß die Überzeugung besteht, daß es Geld ist. Die Notwendigkeit, die Frage zu wiederholen, führt entweder zu einer Zirkularität oder zu einem infiniten Regreß in der Definition von Geld, und es scheint, als wären wir niemals in der Lage, den Inhalt der Überzeugung anzugeben, die man hat, wenn man glaubt, daß etwas Geld ist. Und folglich wären wir niemals in der Lage, Geld ohne Zirkularität oder infiniten Regreß zu erklären. Um diesen Regreß zu vermeiden, müssen wir den Begriff von Geld, wie er in der Überzeugung vorkommt, daß etwas Geld ist, erklären, ohne dabei den Begriff von Geld zu verwenden.

Ein zweites rätselhaftes Merkmal leitet sich aus den wenigen Bemerkungen ab, die ich bereits gemacht habe. Wie kann institutionelle Wirklichkeit kausal funktionieren? Wenn Geld nur Geld ist, weil es für Geld gehalten wird (und Entsprechendes gilt für die anderen Beispiele, die ich gegeben habe), wie kann dann Geld kausal wirken? Wie kommt es, daß in einer Welt, die zur Gänze aus physikalischen und chemischen Elementen besteht, der institutionellen Wirklichkeit von Geld, Regierungen, Universitäten, Privatbesitz, Ehen und so weiter, kausale Wirksamkeit zukommt? Wie in den früheren Kapiteln deutlich geworden sein dürfte, müssen wir bei philosophischen Untersuchungen anfangs ganz naiv an die Probleme herangehen. Wir müssen uns gestatten, uns von Gegebenheiten in Erstaunen versetzen zu lassen, die jeder geistig gesunde Mensch als selbstverständlich hinnehmen würde. Die erstaunliche Tatsache, der wir jetzt gegenüberstehen, ist folgende: Die institutionelle Wirklichkeit von Besitz, Geld, Ehe und Regierung spielt in unserem Leben eine kausale Rolle. Aber wie kann sie das überhaupt? Institutionen haben weder Kraft noch Masse noch Gravitation. Was entspricht dem Gesetz F=ma, wenn es um die institutionelle Wirklichkeit geht?

Ein drittes Merkmal, das mit den anderen beiden zusammenhängt, ist dies: Welche Rolle genau spielt Sprache in der institutionellen Wirklichkeit? Ich hatte gesagt, daß etwas nur dann Geld, Eigentum oder Ehe ist, wenn die Leute denken, daß es Geld, Eigentum oder Ehe ist, aber wie könnten sie denn überhaupt solch einen Gedanken haben, wenn sie keine Sprache hätten? Und weiter, ist nicht Sprache genau eine institutionelle Wirklichkeit von der Art, wie wir sie zu erklären versuchen? Um zu sehen, worin dieses dritte Rätsel besteht, ist es hilfreich, zur Kenntnis zu nehmen, daß in der institutionellen Wirklichkeit Sprache nicht nur dazu verwendet wird, die Tatsachen zu beschreiben, sondern daß sie, auf merkwürdige Art, die Tatsachen teilweise konstituiert. Wenn z. B. auf einem Zwanzigdollarschein steht: »Diese Banknote ist gesetzliches Zahlungsmittel für alle öffentlichen und privaten Schulden«, dann beschreibt das US-Finanzministerium damit keine Tatsache, sondern schafft damit zum Teil eine Tatsache. Die Äußerung gleicht einer performativen Äußerung, auch wenn ihr ein performatives Verb fehlt. Performative Äußerungen sind solche, in denen man etwas wahr macht, indem man es sagt. Das Hauptverb in dem Satz, das performative Verb, benennt die in der Äußerung des Satzes ausgeführte Handlung. Wenn ich z. B., unter passenden Umständen, sage »Ich verspreche, bei Dir vorbeizuschauen« oder »Ich kündige«, so habe ich damit ein Versprechen gegeben oder gekündigt. In diesen Fällen schaffe ich die Tatsache, daß die Äußerung ein Versprechen oder eine Kündigung ist, einfach indem ich sage, daß sie es ist. Performative Äußerungen sind gang und gäbe beim Schaffen institutioneller Tatsachen. Wenn das US-Finanzministerium festlegt, daß die ausgegebene Währung gesetzliches Zahlungsmittel ist, so schafft sie dadurch ein gesetzliches Zahlungsmittel. Und dies gleicht einem Performativ, indem es die Tatsache erzeugt, die es beschreibt. In der Tat ist gerade die Rolle von performativen Äußerungen bei der Schaffung institutioneller Tatschen einer der Aspekte dieses dritten Rätsels, den wir erklären müssen.

Ich habe diese Rätsel in ziemlich allgemeiner Form und auch ein bißchen naiv dargelegt, weil ich möchte, daß wir ein Gefühl für die Rätsel bekommen, bevor wir jetzt anfangen, das zur Lösung nötige Rüstzeug zu entwickeln.

Beobachter-Abhängigkeit und die Bausteine der gesellschaftlichen Wirklichkeit

Es scheint mir, als müßten wir, um die gesellschaftliche und institutionelle Wirklichkeit zu erklären, eine grundlegende Unterscheidung näher erläutern und drei weitere Bausteine in den Erklärungsapparat einführen, den wir bisher benutzt haben. Die Unterscheidung, die ich meine, ist die Unterscheidung (die ich in Kapitel 4 eingeführt habe) zwischen denjenigen Merkmalen der Welt, die unabhängig von unseren Einstellungen und von Intentionalität ganz allgemein bestehen und denjenigen Merkmalen, die nur relativ zu unserer Intentionalität bestehen. Ich nenne dies die Unterscheidung zwischen beobachter-abhängigen und beobachter-unabhängigen Merkmalen der Welt. Die drei Bausteine sind: kollektive Intentionalität, die Zuweisung von Funktion und eine bestimmte Art von Regeln, die ich »konstitutive Regeln« nenne.

Die Unterscheidung zwischen beobachter-abhängig und beobachter-unabhängig

Einige der Merkmale der Welt bestehen gänzlich unabhängig von uns Menschen und von unseren Einstellungen und Tätigkeiten; andere sind von uns abhängig. Betrachten wir z. B. einen Gegenstand, der beide Arten von Merkmalen aufweist: das Ding, auf dem ich gerade sitze. Dieser Gegenstand hat eine gewisse Masse und einen gewissen molekularen Aufbau, und dies beides existiert von uns unabhängig. Masse und molekulare Struktur sind beobachter-unabhängige Merkmale der Welt. Aber dieser Gegenstand hat zudem das Merkmal, daß er ein Stuhl ist. Die Tatsache, daß er ein Stuhl ist, ergibt sich daraus, daß er als Stuhl entworfen, hergestellt, verkauft, gekauft und benutzt wurde. Solche Merkmale wie das, ein Stuhl zu sein, sind beobachter-relativ oder beobachter-abhängig, wobei »Beobachter« hier die Kurzfassung ist von »Hersteller, Benutzer, Designer und Besitzer von Intentionalität im allgemeinen«. Solche Merkmale wie Masse, Kraft, Gravitation und Spannungspegel sind beobachter-unabhängig, solche Merkmale wie Geld, Eigentum, ein Messer, ein Stuhl, ein Fußballspiel oder ein schöner Tag für ein Picknick zu sein, sind beobachter-abhängig oder beobachter-relativ. Allgemein gilt, daß die Naturwissenschaften sich mit Merkmalen beschäftigen, die beobachter-unabhängig sind, wie Kraft, Masse und Photosynthese; die Sozialwissenschaften beschäftigen sich mit Merkmalen, die beobachter-relativ sind, wie Wahlen, Zahlungsbilanzprobleme und gesellschaftliche Organisationen.

Man beachte, daß die Intentionalität, die beobachter-relative Phänomene erzeugt, selbst nicht beobachter-relativ ist. Die Tatsache, daß dieser Gegenstand ein Stuhl ist, hängt, unter anderem, von unseren Einstellungen ab, aber diese Einstellungen sind selbst nicht beobachter-relativ. Wenn wir durch die Ausübung unserer Intentionalität beobachter-abhängige Phänomene schaffen, so hängt diese Intentionalität nicht von weiterer Intentionalität ab. Haben wir erst einmal eine Einstellung, so ist unerheblich, ob irgendwer sonst denkt, daß wir diese Einstellung haben.

Die Unterscheidung zwischen beobachter-unabhängigen und beobachter-abhängigen Merkmalen der Wirklichkeit hat sich in Kapitel 3 bereits abgezeichnet: und zwar in unserer Unterscheidung zwischen intrinsischer und abgeleiteter Intentionalität. Die intrinsische Intentionalität, die sich in meinem gegenwärtigen Hungerzustand exemplifiziert, ist beobachter-unabhängig, wenngleich sie ontologisch subjektiv ist. Sie hängt nicht von irgend jemandes Einstellungen über mich oder sie ab. Die abgeleitete Intentionalität, die sich in der Tatsache exemplifiziert, daß der französische Satz »J'ai faim« »Ich habe Hunger« bedeutet, ist beobachter-abhängig. Der Satz hat diese abgeleitete Intentionalität (d. h. diese Bedeutung) nur, weil Sprecher des Französischen ihn in dieser Bedeutung verwenden.

Ich denke, daß die Unterscheidung zwischen beobachter-relativen und beobachter-unabhängigen Merkmalen weit wichtiger ist als solche in unserer philosophischen Kultur traditionell verankerten Unterscheidungen wie die zwischen Geist und Körper oder zwischen Tatsache und Wert. In gewissem Sinn handelt dieses Buch zum Teil von dieser Unterscheidung und ihren Folgen. In diesem Kapitel z. B. geht es uns darum, daß beobachter-relative institutionelle Phänomene epistemisch objektiv bestehen können, obgleich ihre Ontologie beobachter-abhängig ist und folglich ein ontologisch subjektives Element enthält.

Ich komme nun auf die drei Bausteine zu sprechen, die wir dazu verwenden werden, eine Erklärung dieser Wirklichkeit zu geben.

Kollektive Intentionalität

Im letzten Kapitel haben wir so getan, als ob alle Intentionalität von der Form wäre: »ich beabsichtige« oder »ich glaube« oder »ich hoffe« und so weiter. Aber es gibt eine interessante Form von Intentionalität, die diese Form hat: »wir beabsichtigen«, »wir glauben«, »wir hoffen« usw. Natürlich gilt, daß ich, wenn ich eine »Wir-Absicht« habe, auch eine »Ich-Absicht« haben muß, denn wenn ich mit Absicht etwas als Teil unseres gemeinsamen Tuns tue, dann muß ich auch die Absicht haben, meinen Teil zu tun. Und um die Absicht zu haben, meinen Teil zu tun, muß ich die Absicht haben, etwas zu tun, das Teil unseres gemeinsamen Tuns ist. Wenn *wir* z. B. ein Auto anschieben, damit es anspringt, muß ich die Absicht haben, meinen Teil zu tun. Aber trotzdem scheint mir, daß es eine irreduzible Klasse von Intentionalität gibt, die kollektive Intentionalität oder »Wir-Intentionalität« ist. Wie kann das sein? In unserer philosophischen Tradition war man immer versucht anzunehmen, kollektive Intentionalität lasse sich auf individuelle Intentionalität zurückführen. Wir denken, daß Wir-Intentionalität immer zurückführbar und letzten Endes zugunsten von »Ich-Intentionalität« eliminierbar sein müsse. Der Grund hierfür ist, daß man, wenn man kollektive Intentionaltät für irreduzibel hält, gezwungen zu sein scheint, eine Art kollektive geistige Entität, einen allesumspannenden Hegelschen Weltgeist zu postulieren, ein »wir«, daß auf geheimnisvolle Weise über uns schwebt, und das in uns als Individuen lediglich seinen Ausdruck findet. Aber da all die Intentionalität, die ich habe, in meinem Kopf ist, und all die, die du hast, in deinem Kopf ist, stehen wir vor folgendem Rätsel: Wie kann es sein, daß es so etwas wie irreduzible, *kollektive* Intentionalität gibt?

Die meisten Philosophen denken, daß dieses Rätsel in der Form, in der ich es gerade formuliert habe, nicht beantwortet werden kann, und sie versuchen, kollektive oder Wir-Intentionalität auf individuelle oder Ich-Intentionalität zurückzuführen. Sie versuchen »wir beabsichtigen«, »wir glauben« und »wir hoffen« auf »ich beabsichtige«, »ich glaube« und »ich hoffe« zurückzuführen. Sie nehmen an, daß, wann immer zwei Personen eine kollektive Absicht teilen, wenn sie etwa versuchen, etwas gemeinsam zu tun, jeder eine Absicht der »ich beabsichtige«-Form hat und dazu eine Überzeugung über die Absicht des andern. Wenn ich Teil eines Kollektivs bin, dann ist meine Intentionalität mithin: »Ich beabsichtige, das und das zu tun« und »Ich glaube, daß Du diese Absicht auch hast«. Des weiteren muß ich glauben, daß du glaubst, daß ich glaube, daß du diese Absicht hast, und das erzeugt dann einen nichtbösartigen Regreß der Form »Ich glaube, daß du glaubst, daß ich glaube, daß du glaubst, daß ich glaube« und so weiter; du wiederum glaubst, daß ich glaube, daß du glaubst, daß ich glaube, daß du glaubst, und so weiter. Diese Folge von iterierten Überzeugungen über Überzeugungen seitens zweier oder mehrerer Personen wird »wechselseitige Überzeugung« genannt.[35] Anhänger der Ansicht, daß kollektive Intentionalität auf individuelle Intentionalität zurückführbar ist (wobei wechselseitige Überzeugung als eine Art individueller Intentionalität zählt) denken, daß der infinite Regreß nicht bösartig ist. Wir besitzen zwar das Vermögen, jederzeit bewußt an eine noch höhere Überzeugung über eine andere Überzeugung zu denken, aber in der Praxis sind dem Aufstieg interierter Überzeugungen dadurch Grenzen gesetzt, daß sowohl unsere Zeit als auch unsere Energie beschränkt sind.

Ich halte diesen ganzen Ansatz, kollektive Intentionalität auf individuelle Intentionalität und wechselseitige Überzeugung zurückführen zu wollen, für konfus. Ich glaube nicht, daß mein Kopf groß genug ist, so viele Überzeugungen zu beherbergen, und ich habe eine viel einfachere Lösung. Nehmen wir einfach die kollektive Intentionalität in meinem Kopf als nicht weiter zerlegbaren Grundbaustein. Sie ist von der Form »Wir beabsichtigen«, auch wenn sie in meinem eigenen Kopf ist. Und wenn es mir tatsächlich gelingt, mit dir zu kooperieren, dann ist das, was in deinem Kopf ist, auch von der Form »wir beabsichtigen«. Das wird Folgen dafür haben, was *ich* glaube und was *ich* beabsichtige, weil sich meine individuelle Intentionalität von meiner kollektiven Intentionalität herleitet. Aber um die Tatsache zu erklären, daß alle Intentionalität in den Köpfen einzelner Personen ist, müssen wir nicht annehmen, daß alle Intentionalität von der Form »ich beabsichtige«, »ich glaube«, »ich hoffe« ist. Einzelne Personen können in ihren individuellen Köpfen Intentionalität der Form »Wir beabsichtigen«, »Wir hoffen« usw. haben. Zusammenfassend gilt: Die Forderung, daß alle Intentionalität in den Köpfen einzelner Personen sein muß, eine Forderung, die manchmal als

35 Diese Idee wurde ursprünglich formuliert von David Lewis, *Konventionen: eine sprachphilosophische Abhandlung*, Berlin 1975 (engl.: *Convention: A Philosophical Study*, Cambridge Mass. 1969), und Stephen Schiffer, *Meaning*, Oxford 1972.

»methodologischer Individualismus« bezeichnet wird, verlangt nicht, daß alle Intentionalität in der ersten Person Singular ausgedrückt wird. Nichts hindert uns daran, in unseren einzelnen Köpfen Intentionalität von z. B. folgender Form zu haben: »Wir glauben«, »wir beabsichtigen« usw.

Ich habe all das in sehr abstrakten und theoretischen Begriffen dargelegt, aber ich möchte daran erinnern, daß kollektive Intentionalität im wirklichen Leben gang und gäbe und praktisch ist, ja, daß sie für unsere bloße Existenz wesentlich ist. Man nehme irgendein Fußballspiel, eine politische Versammlung, eine Konzertaufführung, ein Klassenzimmer, einen Gottesdienst oder eine Unterhaltung, und man wird kollektive Intentionalität bei der Arbeit sehen. Man vergleiche ein Orchester, das eine Symphonie aufführt, mit den einzelnen Mitgliedern des Orchesters, wie sie ihren Part jeder für sich spielen. Selbst wenn die einzelnen Mitglieder zufällig ihren jeweiligen Part synchron üben würden, und das Ganze klänge auch wie die Symphonie, so ist doch immer noch ein entscheidender Unterschied zwischen der Intentionalität von kollektiv kooperativem Verhalten und der Intentionalität von individuellem Verhalten. Was für das Orchester gilt, gilt auch für eine Fußballmannschaft, eine Volksmenge bei einer politischen Versammlung, zwei Menschen, die tanzen, und einen Bautrupp, der ein Haus baut. Wann immer Menschen kooperieren, liegt kollektive Intentionalität vor. Wann immer Menschen ihre Gedanken, Gefühle usw. teilen, liegt kollektive Intentionalität vor; ja, das ist, so möchte ich sagen, die Grundlage aller gesellschaftlichen Tätigkeiten.

Sogar zwischenmenschlicher Konflikt verlangt, in den meisten seiner Ausprägungen, Kooperation. Man denke an einen Boxkampf, ein Fußballspiel, eine Gerichtsverhandlung oder auch zwei Philosophen beim Diskutieren. Bei derartigen Konflikten muß es eine höhere Ebene der Kooperation geben. Wenn ein Mann hinter einem anderen in einer dunklen Straße auftaucht und ihm auf den Kopf haut, so braucht es dazu keine kollektive Intentionalität. Aber für einen Boxkampf, einen

Ringkampf, ein Duell oder sogar einen Austausch von Beleidigungen auf einer Cocktailparty ist eine Ebene der Kooperation erforderlich. Um auf der einen Ebene zu kämpfen, müssen wir auf einer anderen Ebene kooperieren.

Ich definiere eine *gesellschaftliche Tatsache* (etwas willkürlich) als eine Tatsache, bei der zwei oder mehr handelnde Wesen im Spiel sind, die kollektive Intentionalität haben. So manifestieren z.B. Tiere, die zusammen jagen, Vögel, die am Bau eines Nestes zusammenarbeiten, und vermutlich auch die sogenannten sozialen Insekten wie etwa Ameisen und Bienen kollektive Intentionalität und haben somit gesellschaftliche Tatsachen.

Menschen haben eine bemerkenswerte Fähigkeit, die es ihnen ermöglicht, über bloße gesellschaftliche Tatsachen hinaus zu institutionellen Tatsachen zu gelangen. Menschen beteiligen sich an mehr als nur rein physischer Kooperation; sie sprechen auch miteinander, haben Eigentum, heiraten, bilden Regierungen und so weiter. In diesem Kapitel erkläre ich diese institutionellen Phänomene, die über gesellschaftliche Tatsachen hinausgehen.

Funktionszuweisung

Der zweite Baustein, der – neben kollektiver Intentionalität – erforderlich ist, um institutionelle Wirklichkeit zu errichten, ist die Funktionszuweisung. Es ist eine bemerkenswerte Tatsache, daß Menschen und einige höhere Tiere in der Lage sind, gewisse Gegenstände als Werkzeuge zu benutzen. Darin zeigt sich die allgemeinere Fähigkeit, Gegenständen Funktionen zuzuweisen, wobei die Funktion dem Gegenstand nicht intrinsisch zukommt, sondern ihm von außen von einem oder mehreren handelnden Wesen zugewiesen werden muß. Denken Sie an einen Affen, der einen Stock benutzt, um an eine Banane zu kommen. Oder denken Sie an Naturvölker, die einen Baumstamm als Bank benutzen oder einen Stein zum Graben. All das sind Fälle, in denen handelnde Wesen einem natürlichen Gegenstand eine Funktion zuweisen, ihm eine Funktion verleihen. Die handelnden Wesen nutzen die natürlichen Merkmale des Gegenstandes aus, um ihre Zwecke zu erreichen.

Im Anschluß an diese Bemerkung zur Existenz von zugewiesenen Funktionen möchte ich nun eine starke These über den Begriff der Funktion aufstellen: Alle Funktionen sind beobachter-relativ in dem gerade erläuterten Sinn. Die Funktionen bestehen nur relativ zu den funktionszuweisenden Beobachtern oder handelnden Wesen. Dies entgeht uns deshalb leicht, weil wir in der Natur vielerlei Funktionen entdeckt haben. Wir haben z. B. entdeckt, daß es die Funktion des Herzens ist, Blut zu pumpen. Aber es sei daran erinnert, daß diese Entdeckung nur im Zusammenhang einer vorausgesetzten Teleologie gemacht werden konnte. Nur weil wir es als selbstverständlich voraussetzen, daß dem Leben und Überleben ein Wert beizumessen ist, können wir sagen, daß es die *Funktion* des Herzens ist, Blut zu pumpen; und wir meinen damit, daß Blut zu pumpen im Gesamthaushalt des Organismus dem Zweck des Lebens und Überlebens dient.

Man denke z. B. daran, welchen Unterschied es macht, ob wir einerseits sagen, daß, so wie die Dinge eben nun einmal liegen, das Herz das Pumpen des Blutes verursacht/bewirkt und das Pumpen des Blutes aber auch noch in vielen anderen kausalen Beziehungen steht, oder ob wir andererseits sagen, daß es die *Funktion* des Herzens ist, Blut zu pumpen. Die Funktionszuschreibung bringt Normativität ins Spiel. Z. B. können wir jetzt über bessere und schlechtere Herzen, über Herzkrankheiten usw. reden. Die Normativität ist eine Folge davon, daß die Funktionszuschreibung die kausalen Tatsachen in eine Teleologie einbettet. Die Zuschreibung einer Funktion setzt den Begriff eines Zwecks oder eines Ziels oder einer Zielvorstellung voraus, und folglich schreibt die Zuschreibung mehr als nur kausale Beziehungen zu. Diese Zwecke, Ziele und Zielvorstellungen bestehen nur relativ zu handelnden Wesen, seien es Menschen oder Tiere. Nur weil wir dem Leben und Überleben einen Wert beimessen und verstehen, welchen Beitrag das Herz zum Leben und Überleben leistet, können wir sagen, daß es die *Funktion* des Herzens ist, Blut zu pumpen. Wenn wir Tod und Auslöschung mehr als alles andere wertschätzten, dann hätten Herzen eine Fehlfunktion, und die Funktion von Krankheit wäre es, die Auslöschung zu beschleunigen. Sehr allgemein zusammengefaßt gilt: Alle Funktionen sind beobachter-relativ. Funktionen sind nie beobachter-unabhängig. Verursachung ist beobachter-unabhängig; was Funktion zur Verursachung hinzufügt, ist Normativität oder Teleologie. Um es ein bißchen genauer zu sagen: Man bettet die kausalen Beziehungen, indem man ihnen eine Funktion zuschreibt, in eine vorausgesetzte Teleologie ein.

Konstitutive Regeln

Ich habe die ganze Zeit über so geredet, als hätten wir einen zufriedenstellenden Begriff einer institutionellen Wirklichkeit zusätzlich zu einer nackten Wirklichkeit, aber wir müssen einige Voraussetzungen dieser Annahme erwähnen.

Vor Jahren habe ich eine Unterscheidung gemacht zwischen nackten Tatsachen, wie etwa der Tatsache, daß die Sonne 150 Millionen Kilometer von der Erde entfernt ist, und institutionellen Tatsachen, wie der Tatsache, daß ich ein Bürger der Vereinigten Staaten bin. Um diese Unterscheidung zwischen nackten Tatsachen und institutionellen Tatsachen zu erklären, habe ich von einer Unterscheidung zwischen zwei unterschiedlichen Arten von Regeln Gebrauch gemacht. Manche Regeln regeln schon vorher bestehende Verhaltensformen. Denken Sie z. B. an die Regel: »Fahren Sie auf der rechten Straßenseite!« Gefahren werden kann auf beiden Straßenseiten, aber da wir nun einmal fahren, ist es nützlich, das Fahren irgendwie zu regeln, und so haben wir denn Regeln der Form »Tue dies« oder »Tue das«. Und ganz allgemein haben wir Regeln, die Tätigkeiten regeln, die unabhängig von den Regeln bestehen. Solche Regeln sind regulativ. Sie regeln schon vorher bestehende Verhaltensformen. Aber nicht alle Regeln sind von dieser Art.

Manche Regeln regeln nicht nur, sondern konstituieren oder ermöglichen die Art von Tätigkeit, die sie regeln. Das klassische Beispiel sind die Schachregeln. Es ist nicht so, daß Leute Holzstücke auf einem Brett hin und her geschoben haben und schließlich einer gesagt hat: »Na, damit wir nicht dauernd zusammenstoßen, sollten wir ein paar Regeln aufstellen.« Die Schachregeln sind nicht wie die Verkehrsregeln. Vielmehr hängt schon allein die Möglichkeit, Schach zu spielen, daran, daß es Schachregeln gibt, weil Schachspielen darin besteht, die Schachregeln zumindest weitgehend zu befolgen. Solche Regeln nenne ich »konstitutive Regeln«, weil in Übereinstimmung mit diesen Regeln zu handeln konstitutiv ist für die Tätigkeit, die durch die Regeln geregelt wird. Konstitutive Regeln regeln auch, aber das ist nicht alles; sie konstituieren auf die von mir vorgeschlagene Weise just die Tätigkeit, die sie regeln. Ich habe schon dargelegt und werde hier weiter ausführen, daß die Unterscheidung zwischen nackten Tatsachen und institutionellen Tatsachen nur mit Rückgriff auf konstitutive Regeln vollständig erklärt werden kann, da institutionelle Tatsachen nur innerhalb solcher Regelsysteme bestehen.

Konstitutive Regeln haben immer dieselbe logische Form, auch in den Fällen, in denen die logische Form nicht schon in der Grammatik der Sätze, die diese Regeln ausdrücken, offen zutage liegt. Sie sind immer von dieser logischen Form: Das-und-das gilt als etwas, das den Status so-und-so hat. Ich möchte es auf folgende Weise ausdrücken: »X gilt als Y« oder allgemeiner: »X gilt in (Zusammenhang) Z als Y.« Folglich gilt im Zusammenhang eines Schachspiels der-und-der Zug einer bestimmten Spielfigur als der Zug eines Springers. Die-und-die Aufstellung auf dem Brett gilt als Schachmatt. Im Fußball gilt es als Tor, wenn der Ball, während das Spiel lauft, in vollem Umfang die Torlinie überquert. Mehr Tore als der Gegner zu schießen, gilt als Gewinnen.

Ein einfaches Modell des Aufbaus der institutionellen Wirklichkeit

Ich vertrete in diesem Kapitel eine sehr starke Behauptung. Alle institutionelle Wirklichkeit kann erklärt werden, indem man genau diese drei Begriffe verwendet: kollektive Intentionalität, Funktionszuweisung und konstitutive Regeln. Um diese Behauptung zu untermauern, möchte ich mit einem einfachen Gedankenexperiment beginnen, einer Art Parabel darüber, wie Lebewesen wie wir institutionelle Strukturen ausgebildet haben könnten. Man stelle sich eine Gruppe von primitiven Lebewesen vor, die uns mehr oder weniger ähnlich sind. Man kann sich leicht vorstellen, daß sie einzelnen natürlichen Gegenständen Funktionen zuweisen. Z. B. könnte ein Individuum diesen Baumstumpf als Sitz und jenen Stock als Hebel verwenden. Und wenn ein Individuum, indem es individuelle Intentionalität benutzt, Funktionen zuweisen kann, so ist es nicht schwer sich vorzustellen, daß mehrere Individuen gemeinsam Funktionen zuweisen können. Eine Gruppe kann diesen Baumstamm als Bank benutzen und diesen dicken Stock als einen Hebel zur gemeinsamen Handhabung. Nun stelle man sich vor, daß sie, indem sie als Gruppe handeln, eine Barriere bauen, einen Wall um den Ort, an dem sie leben. Ich möchte den Ort, an dem sie leben, nicht ein »Dorf«, ja nicht einmal eine »Gemeinschaft« nennen, da diese Ausdrücke schon zu institutionell klingen könnten. Aber diese Individuen, so wollen wir annehmen, haben Behausungen – Höhlen würden es auch tun –, und wir nehmen an, daß sie einen Wall um ihre Behausungen herum bauen. Der Wall ist dazu da, Eindringlinge fernzuhalten und Mitglieder der Gruppe drinnen zu halten.

Der Wall hat dank seiner physischen Merkmale eine zugewiesene Funktion. Wir wollen annehmen, daß der Wall zu hoch ist, als daß man leicht darüber klettern könnte, und daß die Bewohner der Behausungen solche Klettereien leicht unterbinden können. Man beachte, daß der Wall, so wie er bisher beschrieben wurde, zwei der Merkmale besitzt, die wir früher als wesentlich für institutionelle Wirklichkeit erwähnt hatten. Die Merkmale sind: Funktionszuweisung und kollektive Intentionalität. Dem Wall wurde durch das gemeinsame Handeln der Bewohner eine Funktion zugewiesen – die Funktion, als Grenzbarriere zu fungieren. Der Wall, so nehmen wir an, war aus einem kooperativen Bemühen heraus von ihnen erbaut worden, um seine Funktion zu erfüllen. Nun möchte ich diesen Merkmalen ein drittes hinzufügen. Ich möchte die Geschichte ein klein wenig abändern – und ich hoffe, daß sie harmlos klingt, auch wenn sehr vieles daran hängt. Wir wollen annehmen, daß der Wall allmählich verfällt. Er verfällt langsam, bis alles, was von ihm übrigbleibt, ein paar Steine sind, die in einer Reihe liegen. Aber wir wollen annehmen, daß die Bewohner die Steinreihe weiter so behandeln, als ob sie die Funktion des Walls erfüllen könnte. Ja, sie behandeln die Steinreihe genau so, als sei es für sie klar, daß sie nicht überschritten werden darf. Natürlich dürfen wir nicht annehmen, daß sie irgendwelche so großartigen Begriffe wie den der »Pflicht« oder den der »Verpflichtung« haben, aber wir können annehmen, daß ihnen klar ist, daß man diese Steinreihe nicht überqueren soll.

Nun möchte ich, wie gesagt, daß die Geschichte harmlos klingt, aber ich glaube, daß sich mit dem Zusatz etwas Entscheidendes verändert hat. Diese Veränderung ist der entscheidende Schritt bei der Schaffung institutioneller Wirklichkeit. Sie ist nichts Geringeres als der entscheidende Schritt zur Schaffung dessen, was wir für das Besondere an menschlichen Gemeinschaften – im Gegensatz zu Tiergemeinschaften – halten. Und zwar aus folgendem Grund: Anfänglich hat der Wall die ihm zugewiesene Funktion kraft seiner physischen Struktur erfüllt. Aber was in der Geschichte passierte, als ich sie abänderte, ist dies: Der Wall erfüllt jetzt seine Funktion nicht kraft seiner physischen Struktur; vielmehr erfüllt er sie jetzt dank des Umstands, daß die gemeinsam agierenden Individuen kollektiv akzeptieren und anerkennen, daß der Wall einen gewissen Status besitzt und daß mit diesem Status eine gewisse Funktion einhergeht. Ich möchte einen Begriff einführen, um die Ergebnisse dieses Übergangs zu beschreiben: Ich nenne diese Funktionen »Statusfunktionen«.

Ich glaube, daß dieser Schritt, der Schritt von der physikalischen Beschaffenheit hin zur kollektiven Akzeptanz einer Statusfunktion, die grundlegende begriffliche Struktur hinter institutioneller Wirklichkeit bildet. Es ist ganz allgemein der Fall bei institutionellen Strukturen, daß die Struktur ihre Funktion nicht allein kraft ihrer physikalischen Beschaffenheit ausüben kann, sondern daß eine kollektive Akzeptanz vonnöten ist. Kurz gesagt: Geht es um menschliche Institutionen, so sind Funktionen Statusfunktionen.

Das Beispiel des Geldes

Der vielleicht klarste Fall dieses Phänomens ist Geld. Geld kann seine Funktion nicht dank seiner physikalischen Beschaffenheit allein ausüben. Wir können der physikalischen Beschaffenheit des Geldes noch soviel Funktion zuzuweisen versuchen, die physikalische Beschaffenheit allein ermöglicht nicht – anders als die physikalische Beschaffenheit eines Messers oder einer Badewanne – die Ausübung der Funktion. Bei Funktionen, die keine Stautsfunktionen sind, wie der Funktion einer Badewanne oder eines Messers, ist die physikalische Beschaffenheit wesentlich für die Ausübung der Funktion. Die physikalische Struktur ermöglicht es mir, meine Badewanne als Badewanne zu benutzen, nicht aber als Messer, und sie ermöglicht es mir, mein Messer als Messer zu benutzen, nicht aber als Badewanne. Bei Statusfunktionen kommt es jedoch zu einem Bruch zwischen der physikalischen Beschaffenheit des Systems einerseits und dem Status und der Funktion, die mit dem Status einhergeht, andererseits.

Das läßt sich veranschaulichen, indem wir einige der Merkmale der Entwicklung des Papiergeldes in Westeuropa betrachten. Es ist Usus in wirtschaftswissenschaftlichen Lehrbüchern, drei Arten von Geld zu unterscheiden. Die erste Art ist Warengeld: das ist die Verwendung einer Ware, die als wertvoll erachtet wird, als Geld. Das System des Warengeldes ist wesentlich ein System des Tausches. Die zweite Art Geld ist »Vertragsgeld« [*contract money*]. Solches Geld besteht aus Verträgen, dem Besitzer auf Verlangen etwas von Wert auszuzahlen. Die dritte Art Geld ist Papiergeld [*fiat money*]. Papiergeld ist nur kraft der Tatsache Geld, daß es durch einen Erlaß von einer Stelle mit entsprechenden Befugnissen zu Geld erklärt wurde. Das Rätsel ist: Was haben alle diese Arten gemeinsam, das sie zu Geld macht, und wie funktioniert das in jedem einzelnen Fall?

Das erste Stadium auf dem Weg hin zum Papiergeld bestand darin, daß man Waren mit Wert hatte, typischerweise Gold und Silber, die als Tauschmittel und als Wertaufbewahrungsmittel benutzt werden konnten. Gold und Silber sind nicht an sich wertvoll. Der Besitz von »Wert« ist eine verliehene Funktion, aber in diesem Fall ist die Funktion kraft der physischen Merkmale der fraglichen Gegenstände verliehen worden. Und tatsächlich entsprach in den frühen Tagen der Gold- und Silbermünzprägung dem Wert einer Münze genau die Menge Gold oder Silber in der Münze. Die Regierungen haben manchmal geschummelt, aber prinzipiell war das die Idee. Schmolz man die Münze ein, so verlor sie nichts von ihrem Wert. Das Prägen der Münze war nur ein Weg, ihren Wert kenntlich zu machen: Man gab die Menge Gold oder Silber an, die sie enthielt.

Gold und Silber mit sich herumzutragen, ist jedoch eine wenig effektive Art, Geschäfte abzuwickeln, und zudem ist es eher gefährlich. So fanden Besitzer von Gold und Silber im Europa des Mittelalters, es sei sicherer, das Gold und Silber bei einem »Bankier« aufzubewahren. Die Bankiers gaben ihnen Papierstückchen oder Dokumente anderer Art, auf denen geschrieben stand, daß das Dokument auf Verlangen gegen Gold und Silber eingelöst werden konnte. Hier vollzieht sich also der Schritt vom Warengeld zum Vertragsgeld. Ein Stück Papier, welches das Geld ersetzt, ist jetzt ein Vertrag über die Auszahlung an den Besitzer. Irgendwann entdeckte ein genialer Mensch, daß man die Geldvorräte in der Wirtschaft vermehren könnte, indem man mehr Verträge ausgibt als man tatsächlich Gold und Silber hat, und solange nicht alle gleichzeitig zum Bankier laufen, um ihr Gold und Silber zu verlangen, würde das System weiter so gut funktionieren, wie es das vor dem Wechsel vom Warengeld zum Vertragsgeld getan hatte. Die Papierstückchen sind, wie es heißt, genausogut wie Gold oder eben Silber.

Schließlich, und diese Entwicklung brauchte ihre Zeit, entdeckte ein anderer genialer Mensch, daß man das Gold und Silber ganz vergessen und nur die Papierstückchen verwenden kann. Das ist der gegenwärtige Zustand in den wirtschaftlich fortgeschrittenen Nationen. Viele Menschen schlichteren Gemüts hegen die falsche Vorstellung, daß die amerikanische Währung »durch das Gold in Fort Knox abgesichert« ist, aber diese Idee der Absicherung ist gänzlich trügerisch. Was man hat, wenn man z. B. einen Zwanzigdollarschein hat, ist ein Stück Papier, das kraft einer ihm verliehenen Statusfunktion funktioniert. Der Schein hat als Ware keinen Wert, und er hat als Vertrag keinen Wert; es ist ein reiner Fall von Statusfunktion.

Lange Zeit ließ das US-Finanzministerium die irrige Meinung zu, daß das Stück Papier immer noch ein Vertrag sei. So hieß es z. B. auf der Zwanzigdollarnote, daß das Finanzministerium dem Besitzer auf Verlangen zwanzig Dollar auszahlen würde. Aber hätte man tatsächlich auf einer Auszahlung bestanden, so wäre das einzige, was man bekommen hätte, eine entsprechende Währung gewesen, etwa eine andere Zwanzigdollarnote. Das US-Finanzministerium hat nun mit dieser Heuchelei aufgehört, aber in England, wo die Zwanzigpfundnote ein Versprechen des Direktors der Bank von England enthält, dem Besitzer auf Verlangen zwanzig Pfund auszuzahlen, tut man immer noch so, als ob.

Worauf ich mit dieser Diskussion der Währungsentwicklung hauptsächlich hinaus will, ist, daß der Schritt vom Warengeld zum Papiergeld ein Schritt von der Zuweisung einer Funktion kraft physikalischer Struktur zu einem reinen Fall von Statusfunktion ist. Die Zuweisung von Statusfunktion hat die Form »X gilt in Z als Y«. So-und-so gemusterte Papierstückchen, ausgegeben vom Bureau of Engraving and Printing unter Aufsicht des Finanzministeriums, *gelten* in den Vereinigten Staaten einfach *als* Geld, d. h. als »gesetzliches Zahlungsmittel für alle öffentlichen und privaten Schulden«.

Über die Macht der institutionellen Wirklichkeit

Bisher habe ich einen eher einfachen Mechanismus beschrieben, durch den wir Dingen kraft kollektiver Intentionalität Statusfunktionen verliehen haben, und wir haben uns dabei an die allgemeine Form gehalten: »X gilt in Z als Y.« Das muß wie ein sehr einfacher und fragiler Mechanismus zur Schaffung institutioneller Strukturen wie Regierungen, Armeen, Universitäten, Banken usw. aussehen, und er scheint nur noch fragiler, wenn wir solche allgemein menschlichen Institutionen wie Privatbesitz, Ehe und politische Macht betrachten. Wie kann ein so einfacher Mechanismus einen so riesigen Apparat erzeugen? Ich denke, daß die allgemeine Form der Antwort recht leicht anzugeben ist. Zwei Mechanismen sind dabei im Spiel. Zum einen kann die Struktur »X gilt in Z als Y« iteriert werden. Man kann eine Statusfunktion auf eine andere schichten. Der X-Term auf der einen Stufe mag auf einer früheren Stufe ein Y-Term gewesen sein, und man kann wiederholt Y-Terme in X-Terme verwandeln, die dann als ein wieder anderes (aufgeschichtetes) Y gelten. Weiter gilt, daß in komplexen Gesellschaften der Z-Term(zusammenhang) typischerweise ein Y-Term einer früheren Stufe ist. Ich will ein paar Beispiele dafür geben, wie das funktioniert.

Ich mache mit meinem Mund Geräusche. Soweit ist das eine nackte Tatsache: An Geräuschen als solchen ist nichts Institutionelles. Aber da ich ein Sprecher des Englischen bin, der sich an andere Sprecher des Englischen wendet, *gelten* diese Geräusche *als* die Äußerungen eines englischen Satzes; es handelt sich hier um eine Exemplifizierung der Formel »X gilt in Z als Y«. Aber in einer Äußerung jenes englischen Satzes fungiert der Y-Term der vorangegangenen Stufe jetzt als X-Term der nächsten Stufe. Die Äußerung jenes englischen Satzes – mit jenen Absichten und in jenem Zusammenhang – gilt z. B. als das Geben eines Versprechens. Aber jetzt ist der Y-Term, das Versprechen, der X-Term auf der nächsthöheren Stufe. In dieser Art von Umständen eine solche Art von Versprechen zu geben, gilt als Vertragszusicherung. Man beachte, was ich getan habe. Ich habe den nackten X-Term genommen – ich habe die Geräusche gemacht – und durch die wiederholte Anwendung der Formel weitere Y-Terme darauf geschichtet. Y_1 wird zu X_2, welches als Y_2 gilt, das dann zu X_3 wird und so weiter, bis wir den Punkt erreichen, an dem ich einen Vertrag geschlossen habe. Weiter können wir annehmen, daß diese Art Vertrag unter solchen Umständen als Heiraten gilt. Und Heiraten gilt dann wiederum als »Berechtigung«: Es ergeben sich alle möglichen Vorteile, Verpflichtungen, Rechte, Pflichten usw. Das ist *ein* Mechanismus, wie man den Apparat benutzen kann, um komplexe gesellschaftliche Strukturen zu schaffen. Man wiederholt oder iteriert den Mechanismus einfach ein ums andere Mal. Darüber hinaus ist der Z-Term – der Zusammenhang – in vielen Fällen das Ergebnis einer früheren Verleihung einer Statusfunktion. So kann man im Bundesstaat Kalifornien z. B. nur heiraten, wenn ein zuständiger Beamter anwesend ist. Aber ein zuständiger Beamter zu sein, ist selbst das Ergebnis einer Verleihung einer Statusfunktion. Der Z-Term auf einer Stufe war auf einer anderen Stufe ein Y-Term. Ein Individuum X wurde, in Umständen Z, als der zuständige Beamte Y ausgewiesen. Zusammenfassend ergibt sich: Eine Art und Weise, um aus einem einfachen Mechanismus komplexe Strukturen zu erzeugen, ist die wiederholte Anwendung dieses Mechanismus.

Ein zweites Merkmal, das für das Funktionieren institutioneller Strukturen im wirklichen Leben entscheidend ist, ist dies: institutionelle Tatsachen bestehen nicht isoliert, sondern sie stehen in komplexen Beziehungen zueinander. So habe ich z. B. nicht einfach nur Geld. Ich habe *Geld*, das ich als *Angestellter* des *Staates Kalifornien* verdient habe, und ich habe es auf meinem *Bankkonto*, das ich benutze, um meine *Steuern*, die *Gas- und Stromrechnungen* und auch die *Kreditkartenabrechnungen* zu bezahlen. Man beachte, daß im vorangegangenen Satz alle kursiven Ausdrücke institutionelle Ausdrücke sind. Sie verweisen auf ein ganzes Sortiment diverser miteinander verknüpfter Formen institutioneller Wirklichkeit. Folglich sind wir in der Lage, diesen einfachen Mechanismus zu verwenden, um eine überwältigend reiche gesellschaftliche Struktur zu schaffen, indem wir Arbeitsvorgänge des Mechanismus ineinandergreifen lassen und indem wir den Mechanismus komplex iterieren, d. h. indem wir aufeinanderschichten.

Aber es mag immer noch alles sehr fragil aussehen. Wie ist es möglich, mit so wenig so viel zu tun? Die Antwort auf diese Frage ist wiederum im Detail sehr kompliziert, aber in ihrer allgemeinen Form sehr einfach. Die Antwort ist, daß wir nicht getrennte und sich wechselseitig ausschließende Klassen von nackten und von institutionellen Tatsachen haben. Der ganze, oder fast der ganze, Witz institutioneller Tatsachen besteht darin, gesellschaftliche Kontrolle über die nackten Tatsachen zu gewinnen. So stimmt es zwar, daß ich in einer ›Transaktion‹ letzthin den anderen Leuten nur Papierstückchen gab oder ihnen ein Stück Plastik zeigte und daß sie mir gegenüber nur mit ihren Mündern irgendwelche Geräusche machten und mir andere Papierstückchen gaben. Aber das Ergebnis ist, daß ich, nachdem wir die Geräusche und Papierstückchen ausgetauscht hatten, in ein Flugzeug einsteigen und eine weite Strecke fliegen konnte – eine einschneidende Veränderung meiner geographischen Position. Auch lebe ich als Resultat solcher Statusfunktionen in einem Haus, in dem ich sonst nicht leben würde. Und Menschen werden auch aufgrund der Zuweisung von Statusfunktionen ins Gefängnis geworfen oder hingerichtet oder in den Krieg geschickt. Es wäre also ein Mißverständnis anzunehmen, daß es getrennte, isolierte Klassen von nackten Tatsachen und von institutionellen Tatsachen gibt. Ganz im Gegenteil, wir haben eine komplexe und wechselseitige Durchdringung nackter und institutioneller Tatsachen. Ja, es ist typischerweise der Zweck oder die Funktion der institutionellen Struktur, nackte Tatsachen zu schaffen und zu steuern. In der institutionellen Wirklichkeit sind sowohl positive als auch negative Kräfte am Werk – dazu gehören Rechte, Ansprüche, Ehren, Autorität, aber auch Verpflichtungen, Pflichten, Schande und Strafen.

Lösungen

All das bedenkend wollen wir versuchen, das Hauptproblem und die drei Rätsel zu lösen, die ich zu Anfang dieses Kapitels erwähnt hatte.

Das Hauptproblem war, wie es eine objektive gesellschaftliche und institutionelle Wirklichkeit geben kann, die ist, was sie ist, nur weil wir denken, daß sie es ist? Die Antwort ist, daß die kollektive Zuweisung von Statusfunktionen, und ganz besonders ihre kontinuierliche Akzeptanz und Anerkennung über lange Zeiträume hinweg, eine Wirklichkeit von Regierungen, Geld, Nationalstaaten, Sprachen, Privatbesitz, Universitäten, politischen Parteien und tausend anderer solcher Institutionen schaffen und erhalten kann, die genauso epistemisch objektiv wie die Geologie zu sein scheint und ein ebenso permanenter Teil unserer Landschaft wie Gesteinsformationen. Aber entzieht man ihnen die kollektive Anerkennung, so können solche Institutionen plötzlich zusammenbrechen, wie der erstaunliche Zusammenbruch des Sowjetreichs binnen weniger Monate – beginnend mit dem annus mirabilis 1989 – bezeugt.

Jetzt zu unseren drei Rätseln.

Erstens, wie steht es mit Selbstbezüglichkeit? Kommen wir nicht zu dem Ergebnis, daß sich ein Selbstbezüglichkeitsparadox ergibt, wenn es zur Definition von Geld gehört, daß man es für Geld hält? Ich glaube, daß das Paradox keine ernsthafte Schwierigkeit ist und leicht beseitigt werden kann. Zwar finden wir es natürlich zu sagen, daß es zum Geld-Sein dazu gehört, daß man es für Geld hält. Aber das Wort *Geld* spielt in der Definition von Geld keine wesentliche Rolle. Wenn etwas als Tauschmittel, als Wertaufbewahrungsmittel, als Mittel zum Schuldenabzahlen und ganz allgemein als gültiges Zahlungsmittel betrachtet und benützt wird, dann ist es Geld. Wir brauchen das Wort *Geld* nicht, um diese Tatsachen zu formulieren. Das Wort *Geld* ist lediglich ein Platzhalter für eine komplexe Menge von intentionalen Tätigkeiten, und es ist die Fähigkeit, in diesen Tätigkeiten eine Rolle zu spielen, die das Wesen von Geld ausmacht. Die Leute müssen nicht das Wort *Geld* selbst benutzen, um etwas für Geld zu halten; sie können denken, daß das fragliche Ding ein Tauschmittel, ein Wertaufbewahrungsmittel, ein Mechanismus zum Bezahlen von Schulden und geleisteten Diensten usw. ist.

Unser zweites Rätsel war, wie dieser gesellschaftlich geschaffene Mechanismus kausal funktionieren kann. Kann er tatsächlich kausale Wirkungen haben? Die Antwort wurde schon durch die Bemerkungen, die ich früher gemacht habe, angedeutet – und zwar, daß kollektive Akzeptanz selbst ein Mechanismus zur Schaffung von Macht ist. Wenn wir etwa gemeinsam akzeptieren – um einen naheliegenden Fall zu nehmen –, daß jemand Präsident der Vereinigten Staaten ist, dann hat er damit eine enorme Fülle von Macht. Er kann gegen Gesetze, die vom Kongreß verabschiedet wurden, sein Veto einlegen, er hat den Oberbefehl über die US-Streitkräfte, und er kann auf vielerlei andere Weise Macht ausüben. Tatsächlich geht es in der ganzen institutionellen Wirklichkeit auf die eine oder andere Art um Macht: Da gibt es positive Macht, wie die Macht der Präsidentschaft, und negative Macht, wie die Pflicht des Bürgers, Steuern zu zahlen. Es gibt bedingte Macht, wie etwa das Recht, den Ball im Strafraum mit der Hand zu berühren, wenn man der Torwart ist. Und es gibt ehrenvolle

Macht-Surrogate, wenn man etwa von einer Universität den Ehrendoktor verliehen bekommt.

Unser drittes Rätsel war: Welche Rolle spielt Sprache bei der Schaffung der institutionellen Wirklichkeit? Eine naheliegende, aber dennoch verblüffende Verwendung von Sprache beim Aufbau der institutionellen Wirklichkeit ist, daß wir oft durch eine performative Äußerung institutionelle Tatsachen schaffen können. Wir können jemanden einstellen, indem wir sagen: »Sie sind eingestellt.« Wir können Krieg erklären, indem wir sagen: »Hiermit ist der Krieg erklärt«, und das gilt so für sehr viele Fälle. Wie ist das möglich? Die Antwort ist, daß der X-Term in unseren konstitutiven Regeln oft selbst ein Sprechakt ist. Wenn ich etwa in einem geeigneten Zusammenhang sage: »Hiermit vermache ich mein Auto meinem Neffen«, so vermache ich mein Auto damit tatsächlich meinem Neffen. Und im richtigen Zusammenhang Z zu sagen: »Hiermit ist der Krieg erklärt«, heißt, Krieg zu erklären. Man schafft die institutionelle Tatsache, daß zwischen zwei Ländern Kriegszustand herrscht. Somit ist eine der Rollen, die Sprache spielt, ziemlich leicht erklärt, und das ist die Verwendung performativer Äußerungen zur Schaffung institutioneller Tatsachen. Ganz allgemein heißt das: Wenn ein X-Term ein Sprechakt ist, dann ist der Vollzug dieses Sprechakts insofern performativ, als er die von dem Y-Term benannte institutionelle Tatsache schafft.

Aber das beantwortet noch nicht die grundlegendere Frage: Wieso haben wir ganz allgemein das Gefühl, daß Sprache in der institutionellen Wirklichkeit eine andere Rolle spielt als in der nackten physischen Wirklichkeit? Wie kommt es, daß wir in der institutionellen Wirklichkeit Sprache nicht nur zur Beschreibung verwenden, sondern zum Teil auch dazu, die so beschriebenen Tatsachen erst zu schaffen? Die Antwort, die ich vorschlagen werde, beruht darauf, daß der symbolisierende Aspekt der Sprache dem Aufbau der institutionellen Wirklichkeit in einer Weise wesentlich ist, wie er der nackten Wirklichkeit nicht wesentlich ist, weil der Schritt, in dem wir übereinkommen, daß ein X-Term als einer gilt, der Y-Status hat, schon ein symbolisierender Schritt ist. Wir werden dieses Thema im nächsten Kapitel ausführlicher behandeln.

Soweit sind wir in unserem Bemühen, eine Erklärung unsere Situation zu geben, gekommen: Es gibt eine Wirklichkeit, die gänzlich unabhängig von uns besteht; ein beobachter-unabhängiges So-und-so-Sein der Dinge, und unsere Feststellungen über die Wirklichkeit sind wahr oder falsch, je nachdem ob sie getreu wiedergeben, wie die Dinge sind.

Diese Wirklichkeit besteht aus materiellen Teilchen in Kraftfeldern. Die Teilchen sind typischerweise in größere Systeme organisiert. Ein solches System ist unser kleines Sonnensystem, das unseren Heimatplaneten als Subsystem enthält. Auf unserem Planeten leben gewisse, weitgehend aus kohlenstoffbasierten Molekülen zusammengesetzte Systeme. Diese lebenden Systeme sind Mitglieder von Arten, die sich über einen langen Zeitraum hin evolutionär entwickelt haben. Einige dieser lebenden Systeme sind Tiere, einige Tiere haben ein Nervensystem, und einige Nervensysteme können Bewußtsein verursachen und aufrechterhalten. Tiere, die Bewußtsein haben, haben typischerweise Intentionalität.

Sobald eine Art mit Bewußtsein und Intentionalität begabt ist, ist es kein sehr weiter Schritt mehr zu kollektiver Intentionalität. Meine Vermutung ist, daß alle derartigen Tierarten eine Art kollektiver Intentionalität haben, aber weil ich nicht genug von Ethologie und Tierbiologie verstehe, kann ich hier nur eine Vermutung wagen. Hat eine Art kollektive Intentionalität, so hat sie damit automatisch gesellschaftliche Tatsachen und eine gesellschaftliche Wirklichkeit.

Bewußtsein und Intentionalität sind beobachter-unabhängige, wirkliche Bestandteile der wirklichen Welt, aber sie verleihen Tieren die Fähigkeit, beobachter-relative Phänomene zu schaffen. Unter diesen beobachter-relativen Phänomenen sind Funktionen. Viele Arten haben die Fähigkeit, Gegenständen Funktionen zuzuweisen. Aber eine Fähigkeit, die offenbar einzig Menschen zukommt, ist die Fähigkeit, Statusfunktionen zu verleihen und folglich institutionelle Tatsachen zu schaffen.

Statusfunktionen erfordern Sprache oder zumindest ein sprach-ähnliches Vermögen zur Symbolisierung.

6
Wie Sprache funktioniert: Sprechen als eine Form menschlichen Handelns

In den vorausgegangenen Kapiteln haben wir einige erstaunliche Phänomene erörtert. Eines darunter war die Existenz von Bewußtsein in einer Welt, die zur Gänze aus materiellen Teilchen zusammengesetzt ist. Ein anderes war die bemerkenswerte Fähigkeit des Geistes, sich auf von ihm verschiedene Gegenstände und Sachverhalte in der Welt zu richten. Ein drittes war die Fähigkeit kooperativ handelnder Personen, eine objektive gesellschaftliche Wirklichkeit zu schaffen. In diesem Kapitel werden wir ein gleichermaßen erstaunliches Phänomen erörtern: die sprachliche Verständigung des Menschen.

Um darauf aufmerksam zu werden, wie erstaunlich Sprache ist, erinnern wir uns vielleicht am einfachsten an folgendes: In der unteren Gesichtshälfte des Menschen gibt es eine Höhle, die sich mittels einer eingehängten Klappe öffnet. In regelmäßigen Abständen öffnet sich die Höhle und vielfältige Geräusche kommen heraus. Diese Geräusche werden meistenteils durch Luft verursacht, die über schleimbedeckte Bänder im Kehlkopf strömt. Von einem rein physikalischen Standpunkt sind die akustischen Emissionen, die von diesen physikalischen und physiologischen Phänomen hervorgebracht werden, ziemlich trivial. Allerdings haben sie bemerkenswerte Eigenschaften. Eine akustische Emission, die aus meinem Mund kommt, kann man eine Feststellung nennen oder auch eine Frage, eine Erklärung, eine Ermahnung, eine Aufforderung, ein Versprechen, einen Befehl und noch vieles andere mehr. Was aus meinem Mund kommt, kann darüber hinaus wahr bzw. falsch genannt werden oder auch langweilig, uninteressant, aufregend, originell, dumm oder schlicht irrelevant. Bemerkenswert daran ist nun, daß wir von der akustischen Emission zu diesen erstaunlichen semantischen Eigenschaften gelangen, die ja nicht nur rhetorische und sprachliche Phänomene umfassen, sondern auch sogar politische, literarische und kulturelle Phänomene anderer Art. Wir funktioniert das? Wie gelangen wir von der Physik zur Semantik? Das ist die Frage, die ich in diesem Kapitel erörtere.

Sprechakte: Illokutionäre Akte und perlokutionäre Akte

Wann immer ich in einer normalen Sprechsituation eine dieser akustischen Emissionen von mir gebe, habe ich – wie man das nennen kann – einen *Sprechakt* vollzogen. Es gibt eine Vielfalt von Sprechakt-Typen. Mit diesen akustischen Emissionen mache ich eine Feststellung oder stelle eine Frage; ich mache eine Aufforderung oder äußere eine Bitte; ich erkläre irgendein wissenschaftliches Problem oder ich sage ein künftiges Ereignis vorher. Diesen Beispielen (und Dutzenden anderer, die ihnen ähnlich sind) hat der britische Philosoph J.L. Austin den Namen »illokutionärer Akt« verliehen. Der illokutionäre Akt ist die kleinste vollständige Einheit der sprachlichen Verständigung des Menschen. Wann immer wir einander schreiben oder miteinander reden, vollziehen wir illokutionäre Akte.[36]

Illokutionäre Akte, die der Gegenstand unserer eigentlichen Analyse sind, müssen wir von den Wirkungen oder Folgen unterscheiden, die sie bei Hörern haben. So könnte ich zum Beispiel dadurch, daß ich jemandem *befehle*, das-und-das zu tun, ihn *dazu bringen*, es zu tun. Indem ich mit ihm *streite*, mag ich ihn *überreden*. Indem ich eine *Feststellung mache*, mag ich ihn *überzeugen;* indem ich eine Geschichte *erzähle*, mag ich ihn *amüsieren*. In diesen Beispielen bezeichnet das jeweils erste Verb dieser vier Paare einen illokutionären Akt, das jeweils zweite Verb hingegen die Wirkung, die der illokutionäre Akt auf einen Hörer hat – eine Wirkung wie: überreden, überzeu-

36 John L. Austin, *Zur Theorie der Sprechakte*, Stuttgart 1985 (engl.: *How to Do Things With Words*, Cambridge, Mass. 1962).

gen oder jemanden zu etwas bringen. Austin, der Erfinder dieser Terminologie, gab diesen Akten, die es mit über die sprachliche Verständigung hinausgehenden Folgen zu tun haben, den Namen »perlokutionäre Akte«. Unsere erste Unterscheidung ist also die zwischen dem illokutionären Akt (um den es uns in unserer Analyse geht) und dem perlokutionären Akt, der es mit weiteren Folgen oder Wirkungen zu tun hat, die unsere Handlungen (seien das nun illokutionäre Akte oder andere) auf Hörer haben. Illokutionäre Akte müssen typischerweise absichtlich vollzogen werden. Wer nicht die Absicht hatte, ein Versprechen zu geben oder eine Feststellung zu treffen, der hat kein Versprechen gegeben und keine Feststellung gemacht. Aber perlokutionäre Akte müssen nicht absichtlich vollzogen werden. Man mag jemanden von etwas überzeugen, zu etwas bringen, mit etwas belästigen oder amüsieren, ohne die Absicht zu haben, dies zu tun. Daß illokutionäre Akte wesentlich absichtlich sind, während perlokutionäre Akte absichtlich sein können, aber nicht sein müssen, ergibt sich daraus, daß der illokutionäre Akt in der Verständigung die kleinste *Bedeutungs*-Einheit ist. Wenn der Sprecher etwas sagt und mit dem, was er sagt, etwas meint, und zu erreichen versucht, daß der Hörer versteht, was er meint, dann wird er, im Erfolgsfall, einen illokutionären Akt vollzogen haben. Illokutionäre Akte, Meinen, Bedeutung und Absicht hängen miteinander in bestimmter Weise zusammen – wie, das werde ich in diesem Kapitel erklären.

Zusätzlich zu der Unterscheidung zwischen illokutionären und perlokutionären Akten brauchen wir auch noch eine Unterscheidung innerhalb des illokutionären Akts zwischen dem Gehalt, den der Akt hat, und dem Akt-Typ, zu dem er gehört. Diese Unterscheidung entspricht genau der Unterscheidung, die wir in Kapitel 4 getroffen haben: zwischen dem propositionalen Gehalt, den ein intentionaler Zustand hat, und dem Zustands-Typ, zu dem er gehört. Betrachten wir, um ein einfaches Beispiel zu geben, die Unterschiede, die zwischen Äußerungen der folgenden Sätze bestehen:

Bitte verlassen Sie das Zimmer.
Werden Sie das Zimmer verlassen?
Sie werden das Zimmer verlassen.

Diesen Äußerungen ist etwas gemeinsam: Jede von ihnen enthält einen Ausdruck der Proposition, daß Sie das Zimmer verlassen werden. Jede Äußerung enthält aber auch etwas, daß die andern Äußerungen nicht enthalten. Die erste ist eine Bitte, die zweite eine Frage, die dritte eine Vorhersage. In Entsprechung zu unserer intentionalitätstheoretischen Unterscheidung zwischen Gehalt des Zustands und Typ des Zustands brauchen wir eine sprechakttheoretische Unterscheidung zwischen dem Gehalt eines illokutionären Akts und seinem Akt-Typ (oder, wie man auch sagt: seiner illokutionären *Rolle* oder auch *Kraft*). Zum Zwecke unserer Analyse können wir die Struktur illokutionärer Akte als *R(p)* darstellen, wobei »R« für die illokutionäre Rolle und »p« für den propositionalen Gehalt steht. Das heißt, wir können den Teil des Sprechakts, der seinen illokutionären Typ oder seine illokutionäre Rolle ausmacht, von dem Teil trennen, der seinen propositionalen Gehalt ausmacht.

Damit haben wir nun den Gegenstand unserer Analyse ein wenig genauer herauspräpariert als zu Beginn dieses Kapitels. Die Frage ist nun: Wie gelangen wir von den Geräuschen, die wir machen, zum illokutionären Akt? Auf den ersten Blick könnte es den Anschein haben, als unterscheide sich diese Frage von den Fragen, die traditionell die Grundlage der Sprachphilosophie bilden. Die traditionellen Fragen lauten: »Wie bezieht sich Sprache auf die Wirklichkeit?« und »Was ist Bedeutung?« Ich denke jedoch, daß meine Frage und die traditionellen Fragen im Grunde identisch sind, weil die Frage »Wie kommt man von den Geräuschen zum illokutionären Akt-Typ?« in Wirklichkeit dieselbe Frage ist wie »Wie verleiht der Geist bloßen Geräuschen und graphischen Figuren Bedeutung?«. Und mit der Antwort auf diese Frage werden wir auch eine Analyse des Bedeutungsbegriffs haben, die wir verwenden können, um zu erklären, wie Sprache sich auf die Wirklichkeit bezieht. Sprache bezieht sich kraft Bedeutung auf die Wirklichkeit, aber Bedeutung ist diejenige Eigenschaft, die bloße Äußerungen zu illokutionären Akten macht. Illokutionäre Akte sind bedeutungsvoll, und zwar in einem ganz besonderen Sinn des Worts; und dank genau diesem Typ von Bedeutungshaftigkeit vermag Sprache sich auf die Wirklichkeit zu beziehen. Wenn man also die drei Fragen »Was ist Bedeutung?«, »Wie bezieht sich Sprache auf die Wirklichkeit?« und »Was ist die Natur des illokutionären Akts?« angemessen versteht, dann sind sie im Grunde dieselbe Frage. Wir werden sehen, daß es in allen drei Fragen darum geht, wie der Geist Geräuschen und graphischen Figuren Intentionalität verleiht, ihnen damit eine Bedeutung gibt und sie auf diese Weise zur Wirklichkeit in Beziehung setzt.

Vom Meinen und Bedeuten: die Bedeutungen von »meaning«

Die Wörter »mean«, »meaning« und »meaningful« sind im Englischen berüchtigtermaßen mehrdeutig. Man denke an das Vorkommen dieser Ausdrücke in den folgenden Sätzen:

1. You mean a lot to me, Mabel.
   (Du bedeutest mir viel, Mabel.)
2. Life became meaningless after the Republican defeat.
   (Das Leben war nach der Niederlage der Republikaner sinnlos geworden.)
3. The meaning of historical events is seldom apparent at the time of the event.
   (Selten ist die Bedeutung historischer Ereignisse zum Zeitpunkt ihres Geschehens deutlich.)
4. I didn't mean to hurt you.
   (Ich wollte dir nicht weh tun.)
5. The German sentence »Es regnet« means »It's raining«.
   (Der englische Satz »It's raining« bedeutet »Es regnet«.)
6. When Friedrich said »Es regnet,« he meant, »It's raining«.
   (Als Frederick sagte »It's raining«, meinte er: »Es regnet.«)

Über den Sinn, den das Wort »meaning« in den ersten vier Sätzen hat, will ich nur sagen, daß dieser Sinn für ein Verständnis von »meaning« im sprachbezogenen Sinn unwesentlich ist. Für die Zwecke unserer Untersuchung möchte ich mich auf die Sätze 5 und 6 konzentrieren, weil sich in ihnen die Typen von Bedeutung bzw. Meinen exemplifizieren, um die es mir in diesem Kapitel am meisten zu tun ist.

Es ist gebräuchlich und korrekt, den Unterschied zwischen Satz 5 und Satz 6 als den Unterschied zwischen der Satz-Bedeutung (*sentence meaning*) und Wort-Bedeutung (*word meaning*) einerseits und dem vom Sprecher Gemeinten (*speaker meaning*) oder der Äußerungsbedeutung (*utterance meaning*) andererseits zu beschreiben. Sätze und Wörter haben ihre Bedeutung als Teile einer Sprache. Die Bedeutung eines Satzes ist durch die Bedeutung der Wörter und ihre syntaktische Anordnung im Satz festgelegt. Was hingegen der Sprecher *mit der Äußerung* des Satzes *meint*, hängt innerhalb gewisser Grenzen ganz und gar von seinen Absichten ab. »Innerhalb gewisser Grenzen« muß ich sagen, weil man nicht einfach irgend etwas sagen und alles Beliebige damit meinen kann. Man kann nicht sagen »Zwei plus zwei ist vier« und damit meinen, daß Shakespeare ein ziemlich guter Dichter und auch Dramatiker war. Jedenfalls kann man das nicht, ohne daß eigens zu diesem Zweck allerlei in Szene gesetzt wurde. Die Bedeutung eines Satzes hängt ganz und gar von den Konventionen der Sprache ab. Aber Sätze sind Werkzeuge, die man zum Reden verwendet. Mithin ist das vom Sprecher Gemeinte, obgleich es Beschränkungen der Sprache unterliegt, dennoch die primäre Form sprachlicher Bedeutung, weil die sprachliche Bedeutung von Sätzen dazu da ist, Sprecher der betreffenden Sprache in die Lage zu versetzen, Sätze zu verwenden, um mit ihren Äußerungen etwas zu meinen. Das vom Sprecher mit der Äußerung Gemeinte (die sogenannte Äußerungsbedeutung) ist für unsere Zwecke der primäre Begriff bei der Analyse der Funktionen von Sprache.

Im restlichen Kapitel wird es mir, wenn ich die Frage »Was ist Bedeutung?« untersuche, um die Frage gehen: »Was ist das: das vom Sprecher Gemeinte?« Im Lichte dessen, was im vorangehenden Teil des Kapitels erörtert wurde, läßt sich diese Frage so reformulieren: »Wie kommt es, daß Sprecher bloßen Geräuschen, die aus ihrem Mund kommen, oder graphischen Figuren, die sie auf Papier bringen, Bedeutung verleihen können?«

Die Frage mag reichlich harmlos wirken, aber in Wirklichkeit gibt es in der philosophischen Tradition eine *riesige* und anscheinend endlose Debatte zu genau diesem Thema. Ich möchte dem Leser nicht den Eindruck vermitteln, die Frage sei irgendwie einfach oder meine Antwort unumstritten. Aber ich werde für die hier gegebenen Zwecke alle traditionellen Debatten beiseite lassen und schnurstracks das vorstellen, was ich für die richtige Antwort auf die Frage halte – einfach so.

Der Schlüssel zum Verständnis von Bedeutung ist dies: Bedeutung ist eine Form abgeleiteter Intentionalität. Die ursprüngliche oder intrinsische Intentionalität des Denkens des Sprechers wird übertragen in Wörter, Sätze, graphische Zeichen, Symbole und so weiter. Wenn mit ihrer Äußerung etwas gemeint ist, dann haben diese Wörter, Sätze, graphische Zeichen und Symbole nun eine von den Gedanken des Sprechers abgeleitete Intentionalität. Sie haben nicht nur konventionale sprachliche Bedeutung, sondern auch eine vom Sprecher gemeinte Bedeutung: eben das, was der Sprecher mit ihrer Äußerung meint. Die konventionale Intentionalität der Wörter und Sätze einer Sprache kann vom Sprecher verwendet werden, um einen Sprechakt zu vollziehen. Wenn er einen Sprechakt vollzieht, verleiht er solchen Symbolen seine Intentionalität. Wie macht er das im einzelnen? Bei unserer Erörterung zum Thema Intentionalität haben wir bereits gesehen, daß Erfüllungsbedingungen der Schlüssel zum Verständnis von Intentionalität sind (was das heißen soll, habe ich zu erklären versucht). Intentionalitätsphänomene wie Befürchtungen, Hoffnungen, Wünsche, Überzeugungen und Absichten haben Erfüllungsbedingungen. Daher vollzieht ein Sprecher, wenn er etwas sagt und etwas meint, einen intentionalen Akt. Daß er die dazugehörigen Geräusche erzeugt, gehört zu den Erfüllungsbedingungen der Absicht, die er hat, wenn er die Äußerung macht. Wenn er aber eine Äußerung macht, mit der er etwas *meint* und die *Bedeutung* hat, dann verleiht er jenen Geräuschen oder graphischen Zeichen Erfüllungsbedingungen. Indem er eine bedeutungsvolle Äußerung macht, *verleiht* er mithin *einer Erfüllungsbedingung Erfüllungsbedingungen*.

Dies ist das wesentliche Merkmal von Bedeutung, und ich werde es noch einmal detaillierter erläutern. Nehmen wir zum Beispiel an, daß Frederick, ein Sprecher des Englischen, absichtlich sagt: »It's raining« und es auch meint. Er vollzieht damit eine komplexe Handlung mit mehreren Erfüllungsbedingungen. Erstens hatte er die Absicht, einen Satz zu äußern, und die Äußerung, die er gemacht hat, war die Erfüllungsbedingung dieses Teils seiner komplexen Absicht. Zweitens jedoch hatte seine Äußerung außerdem noch ihre ganz eigenen Erfüllungsbedingungen, denn er hatte ja nicht nur die Absicht, den Satz zu äußern, sondern meinte ihn ja auch – d. h. er meinte damit, daß es regnet. Die Äußerung ist genau dann erfüllt, wenn es regnet. Die Erfüllungsbedingungen der Äußerung sind Wahrheitsbedingungen. Die Äußerung ist je nachdem wahr bzw. falsch, ob die Welt so ist, wie Frederick sie absichtlich repräsentiert, wenn er seine Äußerung macht. An Fredericks Absicht gibt es mithin wenigstens zwei Teile zu unterscheiden: die Absicht, die Äußerung zu machen, und die Absicht, daß die Äußerung gewisse Erfüllungsbedingungen haben möge. Da aber die Äußerung die Erfüllungsbedingung des ersten Teils seiner Absicht ist, bestand seine gesamte Meinensabsicht (oder Äußerungsbedeutungsabsicht) in der Absicht, einer Erfüllungsbedingung Erfüllungsbedingungen zu verleihen. Wenn es seine Absicht war, sich mit einem Hörer zu verständigen, dann gäbe es weiterhin auch noch einen dritten Teil seiner Absicht, die er mit dem Vollzug seines Sprechakts verfolgt hat, und zwar die Absicht, daß der Hörer ihn als jemanden verstehen möge, der die Feststellung macht, daß es regnet. Aber diese dritte Absicht, die Verständigungsabsicht, war einfach die Absicht, daß der Hörer die beiden erstgenannten Absichten erkennt. Die

Erfüllungsbedingungen der Verständigungsabsicht sind: der Hörer möge erkennen, daß er den Satz absichtlich geäußert hat und daß die Äußerung die Erfüllungsbedingungen hat, die der Sprecher ihr absichtlich verliehen hat. Über Verständigung werde ich im nächsten Abschnitt noch etwas sagen.

Das zentrale Thema dieses Kapitels ist Meinen und Bedeutung, und um meine Position völlig klarzumachen, möchte ich das Problem anhand eines weiteren Beispiels Schritt für Schritt durchgehen. Angenommen, ich lerne Deutsch; häufig mache ich beim Duschen oder beim Spazierengehen im Regen meine Ausspracheübungen und sage dann: »Es regnet, es regnet, es regnet.« In solch einem Fall übe ich nur meine Aussprache; ich *meine* mit diesen Äußerungen nicht, daß es regnet. Was ist also der Unterschied zwischen: etwas sagen und es meinen einerseits und etwas sagen und es nicht meinen andererseits? Wenn wir uns an unsern Slogan in Kapitel 4 erinnern, dann sollten wir uns die Erfüllungsbedingungen anschauen. Es würde sich herausstellen, daß die Erfüllungsbedingungen der beiden Absichten, die zum Sagen bzw. zum Meinen gehören, ganz verschieden sind. Die Erfüllungsbedingungen der Absicht, die ich habe, wenn ich etwas sage, ohne es zu meinen, sind einfach folgende: daß meine Absicht eine Äußerung bewirkt, die den Ausspracheregeln des Deutschen entspricht. Was sind aber die Erfüllungsbedingungen meiner Absicht, wenn ich tatsächlich meine, was ich sage?

Angenommen, ich habe wirklich ein bißchen Deutsch gelernt und jemand stellt mir eine Frage, die ich verstehe: »Wie ist das Wetter heute?« Und ich antworte: »Es regnet.« Nun habe ich dabei zwar dieselbe Absicht, die ich auch zuvor hatte (nämlich einen Satz des Deutschen zu äußern), aber ich habe außerdem noch eine Meinensabsicht. Was ist die Meinensabsicht? Man ist verlockt zu sagen: Die Meinensabsicht ist es, daß es tatsächlich regnet, wenn ich den Satz »Es regnet« äußere. Doch das ist nicht ganz richtig, weil es möglich ist, etwas zu sagen, es auch zu meinen, aber dennoch unaufrichtig zu sein. Kurz, es ist möglich zu lügen. Mithin muß aus unserer theoretischen Darstellung der Meinensabsichten ersichtlich sein, daß ich etwas sagen und es meinen kann, wobei meine Meinensabsicht dieselbe ist, ob ich nun lüge oder aufrichtig bin.

Wir haben im Rahmen unserer Intentionalitätstheorie gesehen, daß intentionale Zustände Erfüllungsbedingungen haben. Die Meinensabsicht ist die Absicht, daß die Äußerung, die man macht, zusätzliche Erfüllungsbedingungen hat. Aber da die Äußerung selbst bereits die Erfüllungsbedingung der Absicht, die Äußerung zu machen, ist, kommt dies also auf folgendes hinaus: Die Meinensabsicht ist die Absicht, daß die Erfüllungsbedingung (d. h. die Äußerung selbst) Erfüllungsbedingungen (d. h. in unserm Beispiel: Wahrheitsbedingungen) hat. Wenn ich sage »Es regnet« und es meine, dann habe ich die Absicht, daß meine Äußerung »Es regnet« Wahrheitsbedingungen hat – und somit bin ich, wenn ich das sage und es meine, auf die Wahrheit der Äußerung festgelegt. Dies ist so, ob ich nun lüge oder nicht. Sowohl der Lügner als auch der, der die Wahrheit sagt, legen sich darauf fest, die Wahrheit zu sagen. Der Unterschied besteht darin, daß der Lügner sich nicht an das hält, worauf er sich festlegt. Die Meinensabsicht ist also die Absicht, daß meine Äußerung »Es regnet« nun auch selbst Erfüllungsbedingungen hat, die zu der Erfüllungsbedingung der Absicht, die Äußerung hervorzubringen, noch hinzukommen. Wenn ich etwas sage und es meine, dann bin ich auf die Wahrheit dessen, was ich sage, festgelegt. Und dies ist so, ob ich nun aufrichtig bin oder nicht.

Meinen und Verständigung

Bisher habe ich vornehmlich von der Meinensabsicht gesprochen. Aber wenn ich tatsächlich eine Frage nach dem Wetter beantworte, dann habe ich natürlich nicht nur die Absicht, daß meine Äußerung in dem Sinne bedeutungsvoll ist, daß sie Wahrheitsbedingungen und andere Erfüllungsbedingungen hat. Meine Absicht geht darüber hinaus. Wenn ich eine Frage beantworte, dann habe ich die Absicht, dem Hörer eine Antwort zu übermitteln. Die Absicht, mit Worten etwas zu sagen, das Bedeutung hat, sollte man nicht mit der Absicht verwechseln, einem Hörer diese Äußerungsbedeutung, dieses Gemeinte, zu übermitteln. Normalerweise kommt es beim Reden auf nichts anderes an als auf Verständigung: also darauf, einem Hörer etwas zu übermitteln; aber die Verständigungsabsicht ist nicht dasselbe wie die Meinensabsicht (die Absicht, daß die eigene Äußerung Wahrheitsbedingungen oder andere Erfüllungsbedingungen hat).

Was ist nun also die Verständigungsabsicht? Um diese Frage zu beantworten, werde ich einige Ideen von Paul Grice übernehmen und sie ein wenig revidieren.[37] Grice hat folgendes richtig gesehen: Wenn wir uns mit Menschen verständigen, dann gelingt es uns, in ihnen dadurch Verstehen zu erreichen, daß wir sie dazu bringen, unsere Absicht zu erkennen, eben dieses Verstehen zu erreichen. Unter den menschlichen Handlungen zeichnet sich Verständigung durch die Besonderheit aus, daß uns die Hervorbringung einer beabsichtigten Wirkung dadurch gelingt, daß wir den Hörer dazu bringen, daß er die Absicht, diese Wirkung hervorzubringen, erkennt. Beim menschlichen Handeln ist dies nicht allgemein so. Unsere Handlungen gelingen im allgemeinen nicht schon allein deshalb, weil wir andere Menschen dazu bringen, daß sie erkennen, was wir zu tun beabsichtigen. Beispielsweise kann ich nicht einfach dadurch ein Rennen gewinnen oder Präsident der Vereinigten Staaten werden, daß ich Menschen dazu bringe, daß sie meine Absicht, das Rennen zu gewinnen bzw. Präsident zu werden, erkennen. Wenn ich jedoch versuche, jemandem mitzuteilen, daß es regnet, dann ist mir das schon gelungen, sobald der Betreffende erkennt, daß ich ihm etwas mitteilen will und was genau es ist, das ich ihm mitteilen will. Ich kann ihm beispielsweise mitteilen, daß es regnet, indem ich ihn nur dazu

37 Paul Grice, »Intendieren, Meinen, Bedeuten«, in: Georg Meggle (Hrsg.), *Handlung, Kommunikation, Bedeutung*, Frankfurt am Main 1993, S. 2-15 (engl.: »Meaning«, in: *Philosophical Review* 1957, S. 377-388).

bringe, daß er meine Absicht erkennt: meine Absicht, ihm mitzuteilen, daß es regnet.

Wie funktioniert das? Wenn ich die Absicht habe, Verständigung zu erreichen, habe ich die Absicht, Verstehen zustande zu bringen. Aber Verstehen besteht im Erfassen dessen, was ich meine. Mithin ist die Verständigungsabsicht die Absicht, daß der Hörer erkennt, was ich meine, d. h. die Absicht, daß er mich versteht. Wenn ich sage »Es regnet«, es meine und auch die Absicht habe, einem Hörer zu übermitteln, daß es regnet, dann läuft dies also auf folgendes hinaus: Ich habe die Absicht, daß der Hörer meine Meinensabsicht erkennt. Die Verständigungsabsicht ist die Absicht, im Hörer das Wissen darum zu erzeugen, was ich meine, und dieses Wissen dadurch zu erzeugen, daß ich ihn dazu bringe, zu erkennen, daß ich die Absicht habe, in ihm dieses Wissen zu erzeugen. Wenn wir also die Schritte der Äußerung »Es regnet« im Hinblick auf das, was ich mit ihr meine, und im Hinblick auf meine Verständigungsabsicht durchgehen, dann ergibt sich folgendes: Ich äußere den Satz »Es regnet«

1. mit der Absicht, daß ich einen Satz des Deutschen in seiner konventionalen Bedeutung korrekt äußere;
2. mit der Absicht, daß meine Äußerung Erfüllungsbedingungen hat (und zwar die Wahrheitsbedingung, daß es regnet);
3. mit der Absicht, daß der Hörer Absicht 2 erkennt, und sie dadurch erkennt, daß er Absicht 1 erkennt und die Konventionen des Deutschen kennt.

Wenn der Hörer die Absichten 1 und 2 erkennt, dann ist es mir gelungen, Absicht 3 zu verwirklichen. Das heißt: Wenn der Hörer die Sprache beherrscht, meine Absicht, einen Satz dieser Sprache hervorzubringen, erkennt, und erkennt, daß ich diesen Satz nicht nur äußere, sondern auch meine, was ich sage, dann ist es mir gelungen, dem Hörer zu übermitteln, daß es regnet.

Man beachte, daß diese Analyse unabhängig davon ist, ob ich die Wahrheit sage oder lüge, ob ich aufrichtig bin oder unaufrichtig. Es ist mir selbst dann, wenn ich lüge, gelungen, die Feststellung zu machen, daß es regnet. Dies ist ein entscheidender Punkt: Selbst wenn ich, indem ich etwas sage und es meine, lüge, selbst dann bin ich auf die Wahrheit dessen festgelegt, was ich sage. Mithin kann ich selbst dann auf die Wahrheit festgelegt sein, wenn ich in Wirklichkeit glaube, daß das, was ich sage, falsch ist.

Verschiedene Typen von Sprechakten

In der Analyse von Sprache, die ich hier vorgestellt habe, ist der Sprechakt die Basis-Einheit. Ich habe in diesem Kapitel schon einige Beispiele für Sprechakte gegeben: Feststellungen, Befehle, Versprechen und so weiter. Damit stellt sich jedoch die Frage: Wie viele Sprechakttypen, wie viele Typen illokutionärer Akte gibt es eigentlich? Wie viele Arten von Erfüllungsbedingungen können wir Erfüllungsbedingungen verleihen? Sprache hat einen enorme Vielfalt von Verwendungen. Wir können Witze erfinden, Geschichten erzählen, Anweisungen geben, komplizierte wissenschaftliche Erklärungen oder mathematische Formeln entwickeln, Gedichte und Romane schreiben. Mir scheint allerdings, daß die Dinge, die wir im Bereich der illokutionären Akte tun können, von beschränkter Anzahl sind. Wir haben gesehen, daß der illokutionäre Akt die Struktur *R(p)* hat, wobei das »R« für die illokutionäre Rolle und das »p« für den propositionalen Gehalt steht; unsere Frage »Wie viele Typen illokutionärer Akte gibt es?« ist deshalb dieselbe Frage wie »Wie viele Typen von R gibt es?«. Der propositionale Gehalt kann unendlich unterschiedlich sein, aber wir können ihn sozusagen ausklammern, weil ja derselbe propositionale Gehalt in verschiedenen illokutionären Akten vorkommen kann, wie sich in unserer vorausgegangenen Erörterung gezeigt hat. Wir haben die Frage nun also eingeengt auf: »Wie viele Typen von R gibt es?« Es könnte so scheinen, daß wir, um darauf eine Antwort zu geben, uns zunächst einmal die verschiedenen Verben anschauen sollten, die im Deutschen illokutionäre Akte benennen, Verben wie: »feststellen«, »warnen«, »befehlen«, »versprechen«, »bitten«, »beten«, »vereinbaren«, »zusichern«, »um Entschuldigung bitten« und »sich beschweren«. Doch wenn wir dies tun, entdecken wir eine verwirrende Vielfalt von Verben und gewinnen den Eindruck, es gäbe enorm viele Typen illokutionärer Akte.

Eine Möglichkeit, dieses Problem zu bewältigen, besteht in dem Versuch, sich auf gewisse gemeinsame Merkmale zu konzentrieren. Zu diesem Zweck muß ich den Begriff des »illokutionären Witzes« einführen. Der illokutionäre Witz eines Sprechakts ist der Witz oder Zweck, den er kraft dessen hat, daß er ein Akt dieses Typs ist. Die Gründe, die jemand beispielsweise dafür haben mag, einen Befehl zu geben, mögen ganz unterschiedlich sein, und genauso unterschiedlich mag es sein, wie dringend es ihm damit ist, doch wenn es sich tatsächlich um einen Befehl handelt, dann *gilt* er, qua Befehl, *als* ein Versuch, den Hörer dazu zu bringen, etwas zu tun. Gibt jemand ein Versprechen, dann kann er dafür eine Vielfalt unterschiedlicher Gründe haben, und das Versprechen kann ein festes Versprechen sein, aber es sind auch viele andere Stärke-Grade möglich. Aber wenn es ein Versprechen ist, dann *gilt* es, qua Versprechen, *als* die Übernahme einer Verpflichtung seitens des Sprechers, etwas für den Hörer zu tun. Der aufmerksame Leser wird bemerken, daß die Ausdrucksweise »gilt als«, die in Kapitel 5 eine so wichtige Rolle spielte, nun bei unserer Erörterung illokutionärer Akte wieder aufgetaucht ist, und das ist kein Zufall. Der Begriff »illokutionärer Witz« bezeichnet das, als was eine Äußerung (gemäß den konstitutiven Regeln der Sprechakte) gilt. Einen illokutionären Akt vollziehen heißt mithin: eine Statusfunktion bestimmten Typs verleihen.

Zudem setzt der illokutionäre Witz eines Sprechakts diesen zu der Intentionalitätstheorie in Beziehung, die in Kapitel 4 dargelegt wurde. Der illokutionäre Witz bestimmt die Ausrichtung, und er bestimmt auch, welcher intentionale Zustand im Vollzug des Sprechakts ausgedrückt wird. Wenn ich also beispielsweise ein Versprechen gebe, dann drücke ich notwendigerweise die Absicht aus, das Versprochene zu tun. Wenn ich verspreche, auf die Party zu kommen, dann drücke ich notwendigerweise die Absicht aus, auf die Party zu kommen. Das heißt, ich drücke einen intentionalen Zustand aus, der denselben propositionalen Gehalt hat wie der Sprechakt selbst, und dieser intentionale Zustand (daß ich die Absicht habe, auf die Party zu kommen) ist die Aufrichtigkeitsbedingung des Sprechakts. Halten wir fest: Der Begriff »illokutionärer Witz« bringt zwei andere Begriffe mit sich: den Begriff der Ausrichtung und den Begriff eines intentionalen Zustands, der die Aufrichtigkeitsbedingung des Sprechakts ausmacht.

Gehen wir nun zurück zu unserer Frage und formulieren sie neu. Statt »Wie viele Typen von R gibt es, d. h. wie viele Typen von illokutionären Akten?« können wir jetzt fragen: »Wie viele Typen von illokutionärem Witz gibt es?« Wenn wir den Begriff des illokutionären Witzes und die von ihm implizierten Begriffe der zum Ausdruck gebrachten Aufrichtigkeitsbedingung und der Ausrichtung als die Grundwerkzeuge unserer Analyse wählen, dann gibt es – wie mir scheint – nur eine beschränkte Anzahl von Dingen, die wir dadurch tun können, daß wir illokutionäre Akte vollziehen, und diese Dinge sind durch die Struktur des Geistes bestimmt. In einem Wort: Weil der Geist Bedeutung dadurch schafft, daß er Erfüllungsbedingungen Erfüllungsbedingungen verleiht, sind die Grenzen der Bedeutung durch die Begrenzungen des Geistes festgelegt. Und welches sind nun diese Grenzen?

Es gibt genau fünf verschiedene Typen von illokutionärem Witz:

1. Erstens gibt es den *assertiven* illokutionären Witz. Der Witz assertiver Sprechakte ist es, den Sprecher auf die Wahrheit der Proposition festzulegen. Er besteht darin, die Proposition als etwas zu präsentieren, das einen Sachverhalt in der Welt repräsentiert. Beispiele sind Feststellungen, Beschreibungen, Klassifikationen und Erklärungen. Alle Assertive haben die Wort-auf-Welt-Ausrichtung, und die Aufrichtigkeitsbedingung eines Assertivs ist immer eine Überzeugung. Jeder Assertiv ist der Ausdruck einer Überzeugung. Der einfachste Test

zur Feststellung von Assertiven besteht in der Frage, ob die Äußerung buchstäblich wahr oder falsch sein kann. Assertive können wahr oder falsch sein, weil sie die Wort-auf-Welt-Ausrichtung haben.

2. Der zweite illokutionäre Witz ist der *Direktiv*. Der illokutionäre Witz von Direktiven ist es, den Hörer dazu zu bringen, daß er sich so verhält, daß sein Verhalten zum Gehalt des Direktivs paßt. Beispiele für Direktive sind Anordnungen, Befehle und Bitten. Die Ausrichtung ist immer Welt-auf-Wort, und die zum Ausdruck gebrachte psychische Aufrichtigkeitsbedingung ist immer ein Wunsch. Jeder Direktiv ist der Ausdruck des Wunsches, daß der Hörer das tut, was den Gehalt des Direktivs ausmacht. Direktive wie Anordnungen und Bitten können nicht wahr oder falsch sein, aber sie können anderes sein: ausgeführt oder nicht ausgeführt, befolgt oder mißachtet und so weiter.

3. Der dritte illokutionäre Witz ist der *Kommissiv*. Mit jedem Kommissiv legt sich der Sprecher auf die Ausführung derjenigen Handlung fest, die im propositionalen Gehalt repräsentiert ist. Beispiele für Kommissive sind Versprechen, Gelöbnisse, Zusicherungen, Verträge und Garantien. Eine Drohung ist ebenfalls ein Kommissiv, aber im Gegensatz zu den bisherigen Beispielen richtet sie sich gegen das Interesse des Hörers. Die Erfüllungsbedingung von Kommissiven ist immer Welt-auf-Wort, und die zum Ausdruck gebrachte Aufrichtigkeitsbedingung ist immer eine Absicht. Jedes Versprechen und jede Drohung z. B. ist der Ausdruck einer Absicht, etwas zu tun. Wie Anordnungen und Befehle können auch Versprechen und Gelöbnisse nicht wahr oder falsch sein, wohl aber können sie eingehalten, gebrochen, ausgeführt werden und so weiter.

4. Der vierte Typ ist der *Expressiv*. Der illokutionäre Witz des Expressivs ist es einfach, die Aufrichtigkeitsbedingung des Sprechakts auszudrücken. Beispiele für Expressive sind: Das Sich-Entschuldigen, Danken, Gratulieren, Willkommenheißen und Kondolieren. Der propositionale Gehalt von Ex-

pressiven hat typischerweise die Null-Ausrichtung, weil die Wahrheit des propositionalen Gehalts einfach als gegeben vorausgesetzt wird. Wenn ich zu jemandem sage »Ich entschuldige mich dafür, daß ich Sie geschlagen habe« oder »Ich gratuliere zum Gewinn des Preises«, dann setze ich es als gegeben voraus, daß ich ihn geschlagen habe bzw. daß er den Preis gewonnen hat, mithin setze ich voraus oder unterstelle, daß der propositionale Gehalt der Wirklichkeit entspricht. Die Aufrichtigkeitsbedingung der Expressive hängt jedoch von der Art des jeweiligen Expressivs ab. Eine Entschuldigung ist aufrichtig, wenn dem Sprecher das wirklich leid tut, wofür er sich entschuldigt. Eine Gratulation ist aufrichtig, wenn der Sprecher sich wirklich über das freut, wozu er dem Hörer gratuliert.

5. Als letztes die *Deklarationen*. Der illokutionäre Witz einer Deklaration ist es, eine Veränderung in der Welt dadurch zu stande zu bringen, daß sie als in dieser Weise verändert repräsentiert wird. Performative und auch andere Deklarationen schaffen Sachverhalte einfach dadurch, daß sie diese als geschaffen repräsentieren. Als Beispiel besonders beliebt sind Äußerungen wie »Ich erkläre Sie zu Mann und Frau«, »Sie sind entlassen«, »Hiermit ist der Krieg erklärt« und »Ich trete zurück«. In diesen Fällen liegt die doppelte Ausrichtung vor, denn erstens verändern wir die Welt (indem wir sie als eine veränderte repräsentieren) und erreichen somit Welt-auf-Wort-Ausrichtung; und zweitens repräsentieren wir die Welt als eine veränderte und erreichen somit Wort-auf-Welt-Ausrichtung. Deklarationen sind insofern einzigartige Sprechakte, als sie tatsächlich Veränderungen in der Welt allein kraft des erfolgreichen Sprechaktvollzugs zustande bringen. Wenn es mir gelingt, zwei Personen zu Mann und Frau erklären oder Krieg zu erklären, dann existiert ein Sachverhalt in der Welt, der zuvor nicht existiert hatte. Im allgemeinen sind solche Deklarationen nur aufgrund des Vorhandenseins außersprachlicher Institutionen von der Art möglich, wie wir sie in Kapitel 5 beschrieben haben.

Man beachte, daß man einen Sprechakt der andern vier Typen – also etwa ein Versprechen oder eine Anordnung – dadurch vollziehen kann, daß man einfach die Deklaration macht, daß man ihn vollzieht. Mit der performativen Äußerung »Ich verspreche, dich besuchen zu kommen« vollzieht der Sprecher also zunächst einmal eine Deklaration. Er bringt es per Deklaration zustande, daß er ein Versprechen gibt. Dank diesem Umstand bringt seine Äußerung allerdings ein Versprechen zustande. Indem er sagt »Ich verspreche«, schafft er den dadurch repräsentierten Sachverhalt, d. h. den Sachverhalt, daß der Sprecher ein Versprechen gibt; und darum konstituiert seine Äußerung sowohl ein Versprechen als auch eine Behauptung des Inhalts, daß sie ein Versprechen ist. Mithin hat seine Äußerung alle drei Typen von illokutionärem Witz: sie ist eine Deklaration, ein Kommissiv und ein Assertiv.

Nicht alle Sprechakte werden durch die Äußerung von Sätzen vollzogen, deren wörtliche Bedeutung das vom Sprecher Gemeinte (die Äußerungsbedeutung) ausdrückt. Man kann jemanden darum bitten, das Salz zu reichen, indem man wörtlich sagt: »Ich bitte Sie, mir das Salz zu reichen« oder »Reichen Sie mir das Salz!«, aber es ist gebräuchlicher zu sagen: »Können Sie mir das Salz reichen?«, »Könnten Sie mir das Salz reichen?«, »Ich hätte gerne das Salz«, »Würden Sie mir das Salz reichen?«, »Kommen Sie ans Salz ran?« und so weiter. Solche Fälle, in denen ein Sprechakt dadurch indirekt vollzogen wird, daß ein anderer direkt vollzogen wird, werden »indirekte Sprechakte« genannt. Es gibt andere Fälle, in denen die Satzbedeutung systematisch etwas anderes ist als das, was der Sprecher meint, so z. B. die Metapher, Metonomie, Ironie, Sarkasmus, Hyperbel und Untertreibung.

Alle diese Typen illokutionärer Akte haben sich durch unsere Erörterung zur Intentionalität schon angekündigt. Die Grenzen der Bedeutung sind die Grenzen der Intentionalität, und es ergibt sich aus unserer Analyse von Intentionalität, daß die Anzahl der Dinge, die man mit Sprache tun kann, begrenzt ist. In unserer Intentionalitätsanalyse gibt es nur drei Ausrichtungen: Geist-auf-Welt, die für Assertive charakteristisch ist, Welt-auf-Geist, die für Direktive charakteristisch ist, und die

Null-Ausrichtung, die für Expressive charakteristisch ist. Warum haben wir dann zwei verschiedene Sprechakttypen mit ein und derselben Ausrichtung (der Welt-zu-Wort-Ausrichtung)? Nun, wir könnten uns dazu entschließen, Versprechen und Anweisungen in einen Topf zu werfen. Wir könnten das Versprechen als eine Anweisung betrachten, die man sich selbst gibt, oder eine Anweisung als ein Versprechen, das dem Hörer aufgezwungen wird. Jedoch ist die Verpflichtung, die der Sprecher mit einem Kommissiv übernimmt, so speziell, und in der gesamten Sprechaktsituation im allgemeinen sind Sprecher und Hörer so wichtig, daß ich es nützlich finde, zwischen hörerbasierter Welt-auf-Wort-Ausrichtung und sprecherbasierter Welt-auf-Wort-Ausrichtung zu unterscheiden. Außerdem läßt Sprache eine Möglichkeit entstehen, die dem individuellen menschlichen Geist für sich selbst genommen nicht gegeben ist: die Möglichkeit, beim Vollzug einer Deklaration beide Ausrichtungen zu kombinieren. Wir können zwar keinen Sachverhalt dadurch schaffen, daß wir ihn denken; aber wir können (im Lichte unserer Analyse der institutionellen Wirklichkeit im vorangegangen Kapitel) sehen, wie es möglich ist, institutionelle Wirklichkeit mit Hilfe der performativen Äußerung zu schaffen. Wir können einen Sachverhalt dadurch schaffen, daß wir ihn als bereits geschaffen repräsentieren. Dabei werden die Wort-auf-Welt- und die Welt-auf-Wort-Ausrichtung miteinander kombiniert. Wenn beispielsweise der Vorsitzende der Sitzung sagt: »Die Sitzung ist vertagt«, dann schafft genau diese Äußerung selbst den Sachverhalt, daß die Sitzung vertagt ist – und zwar schafft sie ihn dadurch, daß sie ihn als bestehend darstellt. Ein weniger alltägliches Beispiel: Wenn der Kongreß Krieg erklärt, dann schafft er den Kriegszustand einfach dadurch, daß er sagt, daß Krieg ist.

Ich glaube also, daß unsere Intentionalitätsanalyse, wenn man sie in passender Weise versteht, die Möglichkeiten und Grenzen von Sprache zeigt.

Ich habe bisher so gesprochen, als wäre Intentionalität das eine und Sprache etwas anderes, aber natürlich werden für den wirklichen Menschen die Möglichkeiten der Intentionalität durch den Erwerb einer Sprache enorm vergrößert. Tiere und Kinder, die noch keine Sprache beherrschen, können Intentionalität in primitiven Formen besitzen. Sie können Überzeugungen, Wünsche, Wahrnehmungen und Absichten haben. Aber sobald der Spracherwerb des Kindes einsetzt, vergrößern sich seine Intentionalitätsfähigkeiten erheblich, und mit Hilfe einer Art Münchhausen-Effekt (des Ziehens am eigenen Schopfe) vergrößert die vergrößerte Intentionalität das Sprachverständnis, was wiederum zu einer Vergrößerung im Hinblick auf Intentionalität führt. Jedes psycholinguistische Lehrbuch der kindlichen Entwicklung illustriert dieses Phänomen. Was dabei unter dem Strich herauskommt, ist nicht einfach ein: Geist hier, Sprache da; statt dessen bereichern Geist und Sprache einander wechselseitig bis zu dem Punkt, an dem der Geist des erwachsenen Menschen sprachlich strukturiert ist.

Wir sollten nicht annehmen, daß Sprecher einfach Gedanken haben und sich dann daranmachen, sie in Worte zu bringen. Das ist eine krasse Übervereinfachung. Für alle außer den einfachsten Gedanken gilt: Man muß eine Sprache haben, um den Gedanken zu denken. Ohne Wörter kann ich glauben, daß es regnet, oder Hunger verspüren, aber ich kann nicht glauben, daß es im nächsten Jahr häufiger regnen wird als in diesem oder daß mein Hunger von einer Unterzuckerung und nicht von einem echten Nahrungsbedürfnis herrührt, ohne daß ich über Wörter oder gleichwertige Symbol-Mittel verfüge, mit denen sich diese Gedanken denken lassen. Beim Kind entwickeln sich Denk- und Sprech-Fähigkeit Hand in Hand. Wie? Das Kind beginnt mit einfacher vorsprachlicher Intentionalität. Dann erlernt es ein einfaches Vokabular, das es zu einer reicheren Intentionalität befähigt; diese wiederum ermöglicht den Erwerb eines reicheren Vokabulars und dieses wiederum eine reichere Intentionalität – und auf diese Weise, in einem »Münchhausen-Prozeß«, geht es immer weiter aufwärts. Mit der Ausnahme der einfachsten Gedanken gilt: Um einen Gedanken zu denken, benötigt das Kind eine Sprache. Und mit Ausnahme der einfachsten Sprechakte gilt: Um einen Sprechakt zu vollziehen, benötigt das Kind eine konventionale Sprache mit Sätzen, die eine konventionale Satz-Bedeutung haben.

Wird einem Wort eine konventionale Bedeutung verliehen oder wird einem Sprechakt durch das Meinen des Sprechers Äußerungsbedeutung verliehen, dann handelt es sich in beiden Fällen um das Verleihen einer Statusfunktion in dem Sinne, wie ich dies im vorigen Kapitel erläutert habe. Sowohl bei der Wort-Bedeutung als auch bei der Äußerungsbedeutung handelt es sich um Fälle, in denen Sprachverwender einem physischen Phänomen (sei's nun ein Wort-Typ oder eine akustische Emission) eine Funktion verleihen. Sie tun das, indem sie gemäß der Formel »X gilt in Z als Y« eine Statusfunktion zuweisen. Sowohl die konventionale Bedeutung der Wörter in dem Satz »Es regnet« als auch die Äußerungsbedeutung in einer bestimmten Situation, in der der Sprecher den Satz äußert und mit ihm meint, daß es regnet, sind Fälle von Statusfunktion.

Der Umstand, daß Sprache auch eine Sache institutioneller Tatsachen ist, mag es so scheinen lassen, als ob Sprache bloß eine riesige menschliche Institution unter andern wäre. Aber Sprache ist in mancher Hinsicht, die noch erläutert werden muß, etwas Besonderes. Am Ende von Kapitel 5 habe ich versprochen, daß ich die besondere Rolle von Sprache bei der Konstitution institutioneller Tatsachen erklären werde. Meines Erachtens ist Sprache die fundamentale menschliche Institution – und zwar in folgendem Sinn: Andere Institutionen wie z. B. Geld, Regierungsform, Privatbesitz, Ehe und Spiele erfordern Sprache (oder wenigstens sprachartige Symbolismen) in einer Weise, in der die andern Institutionen für die Existenz von Sprache nicht erforderlich sind.

Es gibt viele Merkmale von Sprache (wie z. B. das Vorkommen von modalen Hilfsverben oder die unendlichen Erzeugungsmöglichkeiten der Syntax), die von den Phänomenen, um die es mir jetzt geht, verschieden sind. Was ich jetzt erörtern möchte, ist ein ganz besonderes Charakteristikum von Sprache, das ich »Symbolisierung« nenne. Menschen haben das Vermögen, einen Gegenstand dazu zu verwenden, daß er für etwas anderes steht, es repräsentiert, ausdrückt oder symbolisiert. Genau dieses grundlegende Symbolisierungsmerkmal von Sprache halte ich für eine wesentliche Voraussetzung institutioneller Tatsachen.

Hier ist mein Argument für diese Behauptung. Es gehört zur Definition der Statusfunktion, daß sie nicht allein aufgrund der physischen Merkmale des Gegenstands, der sie hat, ausgeübt werden kann. Das Messer und der Stuhl können ihre jeweiligen physischen Funktionen dank nichts weiter als ihrer Physik ausüben, aber die Person oder das Stück Papier können die Statusfunktion des Präsidenten bzw. die von Geld nicht allein kraft der Physik des menschlichen Körpers oder der von Papier ausüben. Eine Statusfunktion kann nur dank dessen ausgeübt werden, daß im Hinblick auf etwas kollektiv akzeptiert oder anerkannt wird, daß es diese Funktion hat. Doch wenn dies so ist, dann muß jeder, der an dieser kollektiven Akzeptanz und Anerkennung teilhat, sich selbst auf irgendeine Weise den Umstand repräsentieren können, daß der betreffende Gegenstand die betreffende Statusfunktion hat. Warum? Weil es keine Möglichkeit gibt, die Statusfunktion Y von der Physik des X einfach abzulesen. Bei Messern und Stühlen ist ihr Vermögen, die Funktion eines Messers bzw. eines Stuhls auszuüben, in die Physik eingebaut; aber bei Geld und Präsidenten ist an dem Gegenstand X nichts vorhanden, außer den Merkmalen, die er als einen Gegenstand vom X-Typ hat. Die einzige Möglichkeit, zur Y-Statusfunktion zu gelangen, besteht darin, den X-Gegenstand als einen zu repräsentieren, der diesen Status hat.

Die Statusfunktion repräsentieren wir typischerweise mit

Wörtern. Wir müssen in der Lage sein zu denken: »Das ist Geld« oder »Er ist der Präsident«. Wir möchten jedoch nicht sagen, daß jede Statusfunktion mit wirklichen Wörtern wirklicher Sprachen repräsentiert werden muß, denn natürlich sind Wörter, die Bedeutung haben, selbst Gegenstände mit Statusfunktionen, und wir müssen die Möglichkeit zulassen, daß ein Wort auch dann eine Bedeutung hat, wenn wir keine andern Wörter haben, mit denen wir diese ursprüngliche Bedeutung repräsentieren. Andernfalls gerieten wir in einen bösartigen unendlichen Regreß. Außerdem kann es in Kulturen, in denen sich keine ausgewachsene Sprache entwickelt hat, Statusfunktionen geben. In solchen Fällen wird das X-Ding selbst dazu verwendet, den Y-Status zu repräsentieren. Und nun kommt der springende Punkt: *Soweit wir das X-Ding dazu verwenden, den Y-Status zu repräsentieren, verwenden wir es symbolisch, verwenden wir es als ein sprachliches Mittel.*

Betrachten wir beispielsweise aneinandergereihte Steine, die als eine Grenze dienen. Die Steinreihe ist ein indexikalisches Symbol der Grenze. Und mit »indexikalisch« meine ich genau dies: daß die Steine durch ihre schiere Präsenz das Merkmal »Grenze« repräsentieren. Sie repräsentieren die Grenze dadurch, daß sie auf der Grenze liegen. Die Steinreihe dient als sprachliches Mittel, weil sie die Statusfunktion der Grenze repräsentiert, weil sie für diese Statusfunktion steht. Entsprechend übt ein Wort die Funktion des Bedeutens dadurch aus, daß es seine Bedeutung ausdrückt.

Symbolisierung in diesem weitgefaßten »sprachlichen« Sinn ist demnach allen institutionellen Tatsachen wesentlich – und zwar insofern, als der Schritt von X zu Y innerhalb der Formel »X gilt in Z als Y« bereits ein Schritt des Symbolisierens ist. Die Statusfunktion Y kann durch irgendein externes symbolisches Hilfsmittel repräsentiert werden; das ist zum Beispiel dann der Fall, wenn wir in Worten denken: »Das ist mein Eigentum« oder »Das ist ein Zehnmarkschein«. Im Grenzfall können wir den Gegenstand X selbst dazu verwenden, die Y-Statusfunktion zu repräsentieren; wie in dem Beispiel mit der Steinreihe, die eine Grenze symbolisiert.

Ich möchte noch einmal ganz deutlich machen, was ich hier sage und was nicht. Ich sage hier *nicht*, daß die gesamte institutionelle Wirklichkeit »textuell« ist oder in dem Sinne Bedeutung hat, in dem Sätze und Sprechakte eine Bedeutung haben. Das wäre falsch. Sätze und Sprechakte haben im strengen Sinn eine Bedeutung: Sie haben eine Semantik. Sie haben Wahrheitsbedingungen oder andere Erfüllungsbedingungen. Bedeutung von Sprechakten hat, wie wir gesehen haben, etwas damit zu tun, daß Erfüllungsbedingungen Erfüllungsbedingungen verliehen werden. Doch Geld und Präsidenten haben keine Bedeutung in diesem Sinn, denn sie haben als solche keine Erfüllungsbedingungen. Bedeutung im strengen semantischen, Intentionalitäts-Sinn ist ein besonderes Merkmal von institutionellen Mitteln gewisser Art – von Sätzen und Sprechakten zum Beispiel, aber auch von Karten, Schaubildern und Diagrammen. Aber sie ist keineswegs universell.

Sprache spielt beim Funktionieren der gesellschaftlichen Wirklichkeit noch eine andere Rolle, die beachtet werden sollte. Oft brauchen wir irgendein Hilfsmittel, das uns in die Lage versetzt zu erkennen, daß ein Gegenstand eine Statusfunktion hat, obgleich der Status dem Gegenstand selbst nicht anzusehen ist. Zu diesem Zwecke verwenden wir »Status-Indikatoren«, wie ich das nenne. Beispiele liegen auf der Hand: Eheringe, Uniformen, Abzeichen, Personalausweise und Führerscheine. All diese Dinge sind sprachlich, auch wenn nicht in jedem von ihnen Wörter verwendet werden. Tatsächlich sind sie allesamt Sprechakte in dem von mir erläuterten Sinn, denn sie haben ja Erfüllungsbedingungen. Einen Ehering oder eine Polizeiuniform tragen, das ist ein dauernder Sprechakt, der sagt: »Ich bin verheiratet« oder »Ich bin Polizist«.

* * *

Im ersten Kapitel habe ich über dieses Buch gesagt, es sei der Versuch, einen bescheidenen Beitrag zum intellektuellen Projekt der Aufklärungsvision zu machen. Dieses Buch ist ein Versuch, gewisse Strukturmerkmale des Geistes, der Sprache und der gesellschaftlichen Wirklichkeit zu erklären und auch zu erklären, welche logischen Abhängigkeitsbeziehungen zwischen ihnen bestehen. Diesen Versuch habe ich nun vollständig ausgeführt. Das Buch geht von der Annahme aus, daß wir in einer einzigen Welt leben und daß diese Welt uns – innerhalb der Beschränkungen unserer evolutionären Ausstattung – verständlich ist. In diesem Schlußabschnitt möchte ich nicht versuchen, das noch einmal zusammenzufassen, was ich gesagt habe, denn das gesamte Buch ist zum großen Teil bereits eine Zusammenfassung einiger Ideen, die ich im Laufe der letzten vier Jahrzehnte an anderer Stelle entwickelt habe.

Spezialisten auf den unterschiedlichen Themengebieten, die ich erörtert habe, werden den Eindruck haben, daß ich vieles von dem beiseite gelassen habe, das in ihrer jeweiligen Disziplin im Zentrum der Forschung steht. Diesen Eindruck haben sie zu Recht. Ich habe über die Fragen geschrieben, die mir am wichtigsten vorkommen, und mein Sinn dafür, was wichtig ist, stimmt mit der Mainstream-Ansicht oft nicht überein. Wer kein Spezialist ist, wird den Eindruck haben – zumindest hoffe ich das –, daß zu diesen Fragen noch sehr viel mehr zu sagen sein muß. In der Tat, ich habe nur an der Oberfläche der gewaltigen Gebiete gekratzt, die ich erörtert habe.

Zu den vielen einschlägigen Themen, die ich nicht behandelt habe, gehören: Rationalität, menschliche Freiheit und gesellschaftlicher Wert. Ich denke, daß es sich dabei in Wirklichkeit nicht um drei getrennte Themen handelt, sondern um verschiedene Aspekte desselben Themas. Dieses Buch enthält implizit eine Konzeption von Rationalität, die sich von der Standardkonzeption unserer philosophischen Tradition unterscheidet, und ich hoffe, sie in einem weiteren Buch zu entwickeln.

Ich möchte die gesamte Erörterung mit einigen Überlegungen über die Natur der Philosophie beschließen – und darüber, worin sie sich von andern Forschungsgebieten unterscheidet.

Natürlich denke ich nicht, daß es eine scharfe Trennlinie zwischen der Philosophie und andern Disziplinen gibt. Manchmal wurde mir sogar von ausgebildeten Philosophen attestiert, daß das, was ich in dem einen oder andern Buch entwickelt habe, in Wirklichkeit nicht Philosophie sei, sondern Linguistik oder Kognitionswissenschaft oder sonst irgend etwas.

Kontrastieren wir zunächst einmal Philosophie und Wissenschaft. »Philosophie« und »Wissenschaft« sind keine Bezeichnungen verschiedener Themengebiete, während ja zum Beispiel »Wirtschaftsgeschichte«, »Chemie« und »Philologie der Romantik« unterschiedliche Themengebiete bezeichnen. Denn was die Themen angeht, da sind sowohl Philosophie als auch Wissenschaft universal. Beide streben nach Wissen und Verstehen. Sobald Wissen bis zu dem Punkt systematisch wird, an dem wir die Zuversicht haben, daß es Wissen und nicht nur bloße Meinung ist, neigen wir stärker dazu, es »Wissenschaft« zu nennen, und weniger dazu, es »Philosophie« zu nennen. Vieles in der Philosophie beschäftigt sich mit Fragen, auf die wir keine Antworten kennen, die in der für Wissenschaft charakteristischen Weise systematisch sind; und es ist das Bemühen vieler Ergebnisse der Philosophie, Fragen so zu verbessern, daß aus ihnen Fragen der Wissenschaft werden. Das habe ich in diesem Buch zum Beispiel mit dem Bewußtseinsproblem zu tun versucht.

Aus dieser Beziehung von Philosophie und Wissenschaft erklärt sich, warum die Wissenschaft immer recht hat, die Philosophie hingegen immer unrecht, und warum es in der Philosophie niemals irgendwelchen Fortschritt gibt. Sobald wir die Zuversicht haben, daß es sich in einem Bereich wirklich um Wissen und Verstehen handelt, sprechen wir nicht mehr von »Philosophie«, sondern von »Wissenschaft«, und sobald wir einen eindeutigen Fortschritt machen, fühlen wir uns dazu berechtigt, von einem »wissenschaftlichen Fortschritt« zu sprechen. Im Laufe meines intellektuellen Lebens hat sich etwas dieser Art in der Sprechakt-Forschung abgespielt. Sie wird allmählich zu einem Teil der Wissenschaft (nämlich der Linguistik), und das liegt daran, daß wir mehr Vertrauen zu unsern Methoden und Resultaten entwickeln.

Seit dem 17. Jahrhundert ist das Gebiet der wissenschaftlichen Kenntnisse durch die Entwicklung systematischer Methoden zur Erforschung der Natur enorm angewachsen. Bei vielen Denkern ist daher die Illusion entstanden, die Methoden der Naturwissenschaften, insbesondere der Physik und der Chemie, ließen sich allgemein anwenden, um die Probleme zu lösen, die uns am tiefsten in Verwirrung stürzen. Dieser Optimismus hat sich als unberechtigt erwiesen, und die meisten philosophischen Probleme, die schon die griechische Philosophie beunruhigt haben – zum Beispiel: Was ist Wahrheit? Gerechtigkeit? Tugend? Was ist ein gutes Leben? –, sind Probleme, die wir immer noch haben.

Philosophische Fragen und Untersuchungen haben gewöhnlich drei Merkmale. Erstens beschäftigt sich die Philosophie, wie wir gerade gesehen haben, vielfach mit Fragen, für deren Beantwortung es noch keine allgemein akzeptierte Methode gibt. Deshalb sind Fragen, sobald wir eine Methode ihrer Beantwortung gefunden haben, dann manchmal keine philosophischen Fragen mehr. Ein gutes Beispiel dafür ist das Problem, worin das Wesen des Lebens besteht. Einst war dies ein philosophisches Problem, aber es hörte auf, eines zu sein, als Fortschritte in der Molekularbiologie es ermöglichten, das, was zuvor ein großes, geheimnisvolles Rätsel zu sein schien, in eine Reihe kleinerer, bewältigbarer, spezifischer Fragen der Biologie zu zerlegen, auf die man Antworten fand. Ich hoffe, daß mit dem Problem des Bewußtseins etwas Ähnliches geschehen wird. Daß es für philosophische Fragen häufig kein allgemein akzeptiertes Lösungsverfahren gibt, macht ebenfalls erklärlich, weshalb es in der Philosophie keine akzeptierte Expertenmeinung gibt.

Daß es für philosophische Probleme keine allgemein akzeptierten Lösungsverfahren gibt, heißt nicht, daß »alles geht«, daß man alles Beliebige sagen kann oder daß es keine Standards gibt. Im Gegenteil, gerade weil der Philosoph keine Labormethoden oder etwas derartiges hat, auf das er zurückgreifen könnte, ist er zu noch größerer Klarheit, Strenge und Präzision gezwungen. In der Philosophie ist die Kombination von origineller, imaginativer Sensibilität mit reiner, intelligenter, logischer Strenge durch nichts zu ersetzen. Strenge ohne Sensibilität ist leer, Sensibilität ohne Strenge ist heiße Luft.

Ein zweites Merkmal philosophischer Fragen ist, daß sie zumeist »Rahmen«-Fragen sind. Ich nenne sie so, weil es in ihnen oft um den intellektuellen Rahmen unseres Lebens geht und nicht so sehr um die spezifischen Strukturen innerhalb des Rahmens. Die Frage »Was genau ist die Ursache von AIDS?« ist keine philosophische Frage, aber die Frage »Was ist das Wesen von Verursachung?« ist eine. Die erste Frage wird innerhalb eines Rahmens erforscht, in dem Verursachung als selbstverständlich angenommen wird. Der Philosoph erforscht diesen Rahmen. Auch die Frage »Ist das, was Clinton sagt, wirklich wahr?« ist keine philosophische Frage. Aber die Frage »Was ist Wahrheit?« liegt im Zentrum der Philosophie.

Ein drittes Merkmal philosophischer Forschungen ist, daß sie zumeist begriffliche Probleme (in einem weitgefaßten Sinn) betreffen. Wenn wir in einem philosophischen Ton fragen, was Wahrheit, Gerechtigkeit, Tugend oder Verursachung ist, stellen wir keine Fragen, die sich einfach dadurch beantworten lassen, daß wir uns genau anschauen, was um uns herum geschieht, oder ein paar schöne Experimente durchführen. Derartige Fragen erfordern zumindest zum Teil eine Analyse der Begriffe »Wahrheit«, »Gerechtigkeit«, »Tugend« und »Ursache«, und dies bedeutet, daß die Untersuchung von Sprache ein wesentliches Werkzeug des Philosophen ist, denn Sprache ist das Medium, in dem wir unsere Begriffe artikulieren.

Es ist kein Zufall, daß diese drei Merkmale – Unlösbarkeit im Rahmen allgemein akzeptierter Methoden, Rahmen als Forschungsgegenstand, Begriffsanalyse als erster wesentlicher Schritt der Untersuchung – zumeist Hand in Hand gehen. Wenn wir über Methoden der definitiven Problemlösung verfügen, dann werden die Lösungen im allgemeinen in einem allgemein akzeptierten Rahmen gefunden, dessen begrifflichen Apparat wir als selbstverständlich voraussetzen. Wenn wir, um auf unser früheres Beispiel zurückzugreifen, nach der Ursache von AIDS suchen, dann setzen wir als selbstverständlich voraus, daß wir wissen, was eine Krankheit ist und was eine Ursache ist, und wir verfügen über akzeptierte Methoden zur Entdeckung der Ursachen von Krankheiten. Wir haben sogar eine allgemeine Theorie, die Erreger-Theorie der Krankheit, in deren Rahmen wir unsere Untersuchung durchführen. Doch wenn wir fragen, was Verursachung im allgemeinen ist, dann unterziehen wir einen riesigen Rahmen der genauen Prüfung, ohne daß uns dabei eine gesicherte Methodologie leitet; und dann müssen wir uns zunächst einmal mit dem gewöhnlichen Begriff der Ursache herumplagen und mit verwandten Begriffen wie »Wirkung«, »Grund«, »Erklärung« und so weiter.

In diesem Buch habe ich die Struktur und die wechselseitigen Beziehungen zwischen drei ineinander verschränkten Rahmen untersucht: Geist, Sprache und Gesellschaft. Die dabei benutzten Methoden sind andere als die der empirischen Wissenschaften, in denen Experimente oder wenigstens öffentliche Meinungsumfragen durchgeführt werden. Die von mir (zumindest auf den ersten Stufen der Untersuchung) benutzten Methoden lassen sich besser als logische oder begriffliche Analyse charakterisieren. Ich versuche, die konstitutiven Bestandteile von Bewußtsein, Intentionalität, Sprechakten und gesellschaftlichen Institutionen dadurch zu finden, daß ich sie zerlege und mir anschaue, wie sie funktionieren. Aber ehrlich gesagt ist selbst dies eine Verzerrung der von mir tatsächlich praktizierten Methodologie. In der Praxis verwende ich jede Waffe, die ich in die Finger bekomme, und ich trenne mich von keiner Waffe, die funktioniert. Zu den Fragen beispielsweise, um die es in diesem Buch geht, habe ich Bücher gelesen, deren Thematik von der Hirnforschung bis zur Wirtschaftswissenschaft reichte. Manchmal ist es das Ergebnis der Untersuchung, daß man den vorhandenen Begriffsapparat samt und sonders verwirft. So behaupte ich, daß wir die Beziehung zwischen dem Geistigen und dem Physischen nicht verstehen werden, solange wir weiterhin den alten Begriffsapparat des Dualismus, Monismus, Materialismus mit allem, was sonst noch dazugehört, ernst nehmen. Was diesen Punkt betrifft, schlage ich eine begriffliche Revision vor, und zwar aus folgendem Grund: Die alten Begriffe entsprechen nicht dem Verständnis, das wir inzwischen, nach hundert Jahren Hirnforschung, von den Tatsachen haben können. In andern Bereichen – in der Ontologie des Gelds oder des Eigentums zum Beispiel – müssen wir unsere gewöhnlichen Begriffe viel konservativer behandeln, denn der gesellschaftlich geschaffenen institutionellen Wirklichkeit liegt keine Wirklichkeit zugrunde – außer der Fähigkeit des Menschen, gewisse Phänomene auf gewisse Weise zu behandeln und zu betrachten; und der Begriffsapparat ist dieser Behandlung und Betrachtung wesentlich. Man beachte jedoch, daß derartige Behauptungen darüber, was verworfen und was bewahrt werden soll, am Ende und nicht etwa am Anfang der Untersuchung stehen. Diese Behauptungen selbst können somit keine methodische Anleitung zur Durchführung der Untersuchung liefern.

Wie jede ernsthafte theoretische Untersuchung zielt auch die philosophische Analyse darauf ab, zu einer theoretischen Darstellung der Problemgebiete zu gelangen, die drei Eigenschaften zugleich hat: Wahrheit, Erklärungskraft und Allgemeinheit. In diesem Buch wollte ich nicht nur eine Reihe unterschiedlicher Phänomene erklären, sondern auch zeigen, wie sie alle miteinander zusammenhängen. Ich wollte also versuchen, einen Fortschritt gerade auch im Hinblick auf etwas zu machen, was – nebenbei bemerkt – für die Mehrheit der zeitgenössischen Philosophen kein Ziel darstellt: nämlich Fortschritt in Richtung einer adäquaten *allgemeinen* Theorie.

Namenregister